BRINCANDO DE GÊNERO

O direito à retificação do registro civil
de crianças e adolescentes trans

CAMILLA DANIELLE SOARES COSTA

Prefácio
Tereza Rodrigues Vieira

BRINCANDO DE GÊNERO
O direito à retificação do registro civil de crianças e adolescentes trans

Belo Horizonte

2023

© 2023 Editora Fórum Ltda.

É proibida a reprodução total ou parcial desta obra, por qualquer meio eletrônico, inclusive por processos xerográficos, sem autorização expressa do Editor.

Conselho Editorial

Adilson Abreu Dallari
Alécia Paolucci Nogueira Bicalho
Alexandre Coutinho Pagliarini
André Ramos Tavares
Carlos Ayres Britto
Carlos Mário da Silva Velloso
Cármen Lúcia Antunes Rocha
Cesar Augusto Guimarães Pereira
Clovis Beznos
Cristiana Fortini
Dinorá Adelaide Musetti Grotti
Diogo de Figueiredo Moreira Neto (*in memoriam*)
Egon Bockmann Moreira
Emerson Gabardo
Fabrício Motta
Fernando Rossi
Flávio Henrique Unes Pereira

Floriano de Azevedo Marques Neto
Gustavo Justino de Oliveira
Inês Virgínia Prado Soares
Jorge Ulisses Jacoby Fernandes
Juarez Freitas
Luciano Ferraz
Lúcio Delfino
Marcia Carla Pereira Ribeiro
Márcio Cammarosano
Marcos Ehrhardt Jr.
Maria Sylvia Zanella Di Pietro
Ney José de Freitas
Oswaldo Othon de Pontes Saraiva Filho
Paulo Modesto
Romeu Felipe Bacellar Filho
Sérgio Guerra
Walber de Moura Agra

FÓRUM
CONHECIMENTO JURÍDICO

Luís Cláudio Rodrigues Ferreira
Presidente e Editor

Coordenação editorial: Leonardo Eustáquio Siqueira Araújo
Aline Sobreira de Oliveira

Rua Paulo Ribeiro Bastos, 211 – Jardim Atlântico – CEP 31710-430
Belo Horizonte – Minas Gerais – Tel.: (31) 99412.0131
www.editoraforum.com.br – editoraforum@editoraforum.com.br

Técnica. Empenho. Zelo. Esses foram alguns dos cuidados aplicados na edição desta obra. No entanto, podem ocorrer erros de impressão, digitação ou mesmo restar alguma dúvida conceitual. Caso se constate algo assim, solicitamos a gentileza de nos comunicar através do *e-mail* editorial@editoraforum.com.br para que possamos esclarecer, no que couber. A sua contribuição é muito importante para mantermos a excelência editorial. A Editora Fórum agradece a sua contribuição.

Dados Internacionais de Catalogação na Publicação (CIP) de acordo com ISBD

C837b	Costa, Camilla Danielle Soares
	Brincando de gênero: o direito à retificação do registro civil de crianças e adolescentes trans / Camilla Danielle Soares Costa. – Belo Horizonte : Fórum, 2023.
	176 p. ; 14,5cm x 21,5cm.
	ISBN: 978-65-5518-424-2
	1. Direito. 2. Direito Civil. 3. Direito da Criança e do Adolescente. 4. Direito Homoafetivo. 5. Direitos LGBT. I. Título.
	CDD: 347
2022-1762	CDU: 347

Elaborado por Vagner Rodolfo da Silva – CRB-8/9410

Informação bibliográfica deste livro, conforme a NBR 6023:2018 da Associação Brasileira de Normas Técnicas (ABNT):

COSTA, Camilla Danielle Soares. *Brincando de gênero*: o direito à retificação do registro civil de crianças e adolescentes trans. Belo Horizonte: Fórum, 2023. 176 p. ISBN 978-65-5518-424-2.

À minha família, por desejarem sempre o melhor para mim, pelo esforço que fizeram para que eu pudesse superar cada obstáculo em meu caminho e chegar até aqui.

À População Transgênero do Brasil – transexuais, travestis e demais identidades gênero-divergentes –, desejando que este estudo contribua indistintamente para o aumento da inclusão e do respeito a todas as identidades de gênero-divergentes.

LISTA DE ABREVIATURAS E SIGLAS

ABGLT – Associação Brasileira de Lésbicas, Gays, Bissexuais, Travestis e Transexuais
ADI – Ação Direta de Inconstitucionalidade
APA – American Psychological Association
Art. – Artigo
CLAM – Centro Latino-Americano em Sexualidade e Direitos Humanos
CID-11 – Classificação Internacional de Doenças
CCB – Código Civil Brasileiro
CAS – Comissão de Assuntos Sociais
CCJ – Comissão de Constituição, Justiça e Cidadania
CDH – Comissão de Direitos Humanos e Legislação Participativa
Comissão IDH – Comissão Interamericana de Direitos Humanos
CE – Comissão de Educação, Cultura e Esporte
CTFC – Comissão de Transparência, Governança, Fiscalização e Controle e Defesa do Consumidor
CFM – Conselho Federal de Medicina
CNCD/LGBT – Conselho Nacional de Combate à Discriminação e Promoção dos Direitos de Lésbicas, Gays, Bissexuais, Travestis e Transexuais
CNJ – Conselho Nacional de Justiça
CRFB ou CF – Constituição da República Federativa do Brasil
CEDH – Corte Europeia de Direitos Humanos
CIDH ou Corte IDH – Corte Interamericana de Direitos Humanos
DPU – Defensoria Pública da União
ECA – Estatuto da Criança e do Adolescente
ENEM – Exame Nacional do Ensino Médio
EUA – Estados Unidos da América
GADvS – Advogados pela Diversidade Sexual
ICN – Identificação Civil Nacional
IBDFAM – Instituto Brasileiro de Direito de Família
LBTQIA + – Lésbicas, Gays, Bissexuais, Travestis, Transexuais, Transgêneros, Queer, Intersexuais, Assexuais
LIDIS – Laboratório Integrado em Diversidade Sexual e de Gênero, Políticas e Direitos
MEC – Ministério da Educação e Cultura
MPDFT – Ministério Público do Distrito Federal e Territórios
MPF – Ministério Público Federal

NDH/DPDF	–	Núcleo de Defesa dos Direitos Humanos da Defensoria Pública
NEDH	–	Núcleo Especializado de Direitos Humanos OAB – Ordem dos Advogados do Brasil
OEA	–	Organização dos Estados Americanos
OAB	–	Ordem dos Advogados do Brasil
OIT	–	Organização Internacional do Trabalho
OMS	–	Organização Mundial de Saúde
ONU	–	Organização das Nações Unidas
PE	–	Pernambuco
PL	–	Projeto de Lei
PLS	–	Projeto de Lei do Senado
PGR	–	Procuradoria Geral da República
RE	–	Recurso Extraordinário
RISF	–	Regimento Interno do Senado Federal
RG	–	Registro Geral
SC	–	Santa Catarina
SP	–	São Paulo
SIDH	–	Sistema Interamericano de Proteção dos Direitos Humanos
STJ	–	Superior Tribunal de Justiça
STF	–	Supremo Tribunal Federal
SUS	–	Sistema Único de Saúde
TJRS	–	Tribunal de Justiça do Estado do Rio Grande do Sul
UNCRC	–	Convenção das Nações Unidas sobre os Direitos da Criança (tradução)

SUMÁRIO

PREFÁCIO

Tereza Rodrigues Vieira.. 11

INTRODUÇÃO 13

CAPÍTULO 1

CONTEXTUALIZANDO A TRANS* IDENTIDADE.............................. 17

1.1   Delimitações conceituais: sexo, gênero e orientação sexual........ 17

1.2   Transgênero: para além da transexualidade e travestilidade 27

CAPÍTULO 2

PROTEÇÃO INTEGRAL DAS CRIANÇAS E DOS ADOLESCENTES
TRANSGÊNERO.. 47

2.1   Identidade trans* na infância e adolescência............................ 47

2.1.1   Doutrina da Proteção Integral 56

CAPÍTULO 3

TUTELA MULTINÍVEL DO DIREITO À IDENTIDADE DE GÊNERO.... 69

3.1   Opinião Consultiva nº 24/2017 da Corte Interamericana de
Direitos Humanos... 69

3.2   Julgamento A.P., Garçon e Nicot *vs.* França 78

3.3   O direito à identidade de gênero em uma visão dicotômica
entre Argentina e Hungria 84

CAPÍTULO 4

"TRANS-GREDINDO" BARREIRAS NO PODER JUDICIÁRIO: A
TRANSGENERIDADE E O DIREITO À RETIFICAÇÃO DO PRENOME
E DO GÊNERO NO REGISTRO CIVIL.. 91

4.1   Direito ao nome e ao nome social.. 91

4.1.1   Direito ao nome social... 97

4.1.2   A (i)mutabilidade do nome: uma breve evolução histórica
quanto à possibilidade de retificação do prenome e do gênero
no registro civil em razão da transgeneridade............................ 101

4.2	Ação Direta de Inconstitucionalidade nº 4.275/DF	106
4.3	Análise do julgamento da ADI nº 4.275/DF	115
4.4	Provimento nº 73 do Conselho Nacional de Justiça	132

CAPÍTULO 5

SITUAÇÃO JURÍDICA DE CRIANÇAS E ADOLESCENTES TRANS* APÓS A ADI Nº 4.275/DF ... 139

5.1	A (im)possibilidade da adequação do nome e de gênero de crianças e adolescentes trans* pela via extrajudicial	139
5.2	A importância do Estatuto da Diversidade Sexual e de Gênero (Projeto de Lei do Senado nº 134/2018)	144

CONSIDERAÇÕES FINAIS ... 157

REFERÊNCIAS ... 161

PREFÁCIO

Prefaciar esta obra é uma honra, uma vez que a Autora afirma ter sido por mim influenciada de alguma forma. Presenciar o início da maturidade acadêmica de alguém como Camilla Danielle Soares Costa é um privilégio.

Trata-se de uma substancial abordagem sobre a identidade trans na infância e adolescência e o direito à retificação do prenome e do gênero. Já advogamos e ministramos palestras incontáveis vezes sobre o assunto, mas sempre nos surpreendemos com um enfoque diferente e inusitado.

A Autora não perde de vista a singularidade da sua responsabilidade no trato da questão, criando um espaço pleno de diálogos e reflexões para o reconhecimento da transidentidade na infância e na adolescência. Tarefa difícil, uma vez que a polêmica sobre o tema parece não se dissipar tão cedo, sobretudo quando se deixa a moral religiosa e o fundamentalismo falarem mais alto.

A atualidade do tema é inquestionável, principalmente quando consideramos que o Provimento 73 do CNJ reconheceu apenas aos maiores de 18 anos o direito de adequarem seus nomes e gêneros diretamente no Cartório do Registro Civil. Este não reconhecimento administrativo tem causado muito sofrimento aos pais e aos filhos trans menores de idade.

Assim, a presente obra apresenta caminhos e possibilidades para a efetivação do reconhecimento do direito das pessoas trans ao nome e ao gênero no Registro Civil. Essa falta de acolhimento legislativo ainda traz muita amargura aos menores trans e apresenta muitos desafios, compelindo-os a enfrentar longas batalhas judiciais, com possível participação de psicólogos, médicos e assistentes sociais, tornando o processo demasiadamente demorado. Frise-se aqui que nenhum documento médico é necessário para fundamentar a solicitação de adequação do Registro Civil. Recusar acolhimento apenas com base na idade é impedir o livre desenvolvimento da personalidade.

Evidentemente, a abordagem interdisciplinar é importante no acompanhamento de crianças e adolescentes, porém, quando os pais ou responsáveis legais entenderem necessário. É importante que os professores conheçam melhor a identidade de gênero para prevenirem a transfobia. Afinal, a escola deve ser um ambiente seguro, inclusivo, sem intimidação, livre de violência ou outras formas de tratamento discriminatório e ofensivo coligado à orientação sexual ou identidade de gênero. A escola deve ter uma atmosfera de tolerância e de respeito mútuos, independentemente da orientação sexual ou identidade de gênero do indivíduo.

Intervenções cirúrgicas irreversíveis são perigosas nesta fase, devendo ser evitadas.

Acertadamente, a Autora enfatiza que o reconhecimento da identidade de gênero autopercebida das pessoas transgênero no Provimento nº 73/2018 do Conselho Nacional de Justiça não considerou os princípios da prioridade absoluta e do melhor interesse do menor, os quais devem prevalecer sempre que este estiver envolvido em um conflito ou que possa ferir sua dignidade. A morosidade judicial poderá ocasionar danos severos a esses indivíduos, pois, além de terem a sua identidade rejeitada, eles ainda estarão sujeitos ao *bullying* causado pela falta de documentos que os identifiquem de modo mais adequado.

Felicito Camilla Danielle Soares Costa e convido a todos a lerem esta valorosa obra.

São Paulo, terra da garoa, outubro de 2021.

Tereza Rodrigues Vieira

Pós-Doutora em Direito pela Université de Montreal. Mestra e Doutora em Direito pela PUC-SP; Docente do Mestrado em Direito Proc. e Cidadania e da Graduação de Medicina e Direito na Universidade Paranaense, UNIPAR. Especialista em Bioética pela Fac. Medicina da USP. Coordenadora do projeto "Proteção dos direitos fundamentais das minorias, políticas de inclusão e a responsabilidade pelo dano existencial", financiado pela UNIPAR. E-mail: terezavieira@uol.com.br

INTRODUÇÃO

Se se descobrir transexual já é um desafio para uma pessoa adulta, ele se torna ainda maior quando se é uma criança ou um adolescente, seja por eles não conseguirem compreender o que está errado com o próprio corpo, seja por terem de se habituar às dúvidas existentes diante de uma sociedade bastante discriminatória.

A identificação com o sexo oposto e o eventual desejo de uma pessoa de assumir uma nova identidade de gênero acontecem ainda na infância, sendo possível que alguns indivíduos só venham a compreender sua verdadeira identidade na adolescência ou na fase adulta.

Como as crianças ou adolescentes transexuais ainda se encontram em desenvolvimento físico e psíquico, eles precisam do apoio e suporte de adultos (pais, responsáveis, professores), os quais deverão entender que essas crianças e adolescentes poderão optar por receber um tratamento que venha a lhes propiciar o seu pleno desenvolvimento físico, psíquico, moral e sexual, tal como fundamenta o Estatuto da Criança e do Adolescente (ECA). Além da convivência familiar e em sociedade, que pode ser bastante difícil, as crianças e os adolescentes transexuais têm, ainda, de enfrentar o *bullying* e a transfobia nas escolas.

No ordenamento jurídico brasileiro, o reconhecimento dos direitos LGBTQIA+[1] tem sido impedido, em virtude da omissão do Poder Legislativo e da existência de uma forte bancada conservadora dentro do próprio Congresso Nacional. Apesar de existirem diversos projetos de lei sobre o tema, além de não avançarem, muitos são arquivados.

---

[1] Cada letra representa um grupo de pessoas que sofrem diferentes tipos de violência pelo simples fato de não se adequarem àquilo que foi normatizado pela sociedade: L de lésbicas, G de gays, B de bissexuais, T de transgênero, Q de *queer*, I de intersexuais, A de assexuais, + para incluir outros grupos e variações de sexualidade e gênero.

Para suprir a injustificável omissão legislativa, o Poder Judiciário é frequentemente acionado pela população transgênero para determinar a efetividade dos seus direitos. Nesse sentido, procura-se responder ao seguinte questionamento: como o Supremo Tribunal Federal está fundamentando seus julgamentos na tomada de decisões relativas ao direito de retificação do prenome e do gênero no registro civil de pessoas trans*,[2] em especial a parcela relativa às crianças e aos adolescentes?

A hipótese levantada inicialmente é de que, diante da existência de divergências doutrinárias e omissões do legislativo, abre-se a possibilidade de a jurisdição constitucional agir no atendimento das demandas da população LGBTQIA+. Embora a burocracia e a demora judicial possam frustrar o direito dessa parcela da população, existem várias vitórias importantes para a comunidade LGBTQIA+, e uma delas seria a possibilidade da retificação do prenome e do gênero do registro civil de pessoas transgênero diretamente no cartório, sem a necessidade de decisão judicial, cirurgia de redesignação ou laudos médicos, incluindo aqui as crianças e adolescentes trans*.

O presente estudo tem como objetivo compreender a transidentidade, especialmente a reconhecida ainda na infância, e entender a argumentação dos operadores do direito acerca do assunto nos discursos das decisões que pleiteiam a possibilidade da alteração do registro civil de pessoas transgênero, incluindo as crianças e os adolescentes.

Assim, o livro está dividido em 5 (cinco) capítulos. No primeiro, serão feitas algumas delimitações conceituais a respeito dos termos sexo, gênero, orientação sexual e identidade de gênero, pois muitas vezes são vistos como palavras sinônimas, mas, na realidade, não são. Serão trazidas ainda algumas discussões sobre transgeneridade, tais como visibilidade social e passabilidade.

No segundo capítulo, far-se-á uma abordagem sobre a identidade trans* na infância e na adolescência. Em seguida, serão vistas as principais questões que envolvem os direitos desses indivíduos, em especial a doutrina da proteção integral, assim como os princípios da prioridade absoluta e do melhor interesse da criança.

No terceiro capítulo, duas decisões internacionais que dizem respeito ao reconhecimento da identidade de gênero de pessoas transgênero

---

[2] "O uso do asterisco como um termo englobador, a meu ver, é menos estigmatizador e mais fluido, de modo que elimina classificações excludentes e abre também a possibilidade da pessoa se identificar como quiser." (TRANSFEMINISMO, 2013).

serão abordadas. A primeira é a da Corte Interamericana de Direitos Humanos e a segunda, da Corte Europeia de Direitos Humanos. Em seguida, será apresentado um comparativo sobre a situação jurídica dos indivíduos trans* na Argentina e na Hungria, dois países com convicções diversas sobre a temática.

No quarto capítulo será o momento de discutir o direito ao nome e ao nome social como direitos da personalidade, levando-se em consideração que o nome, além de ser uma das formas de exteriorização da personalidade, é um direito subjetivo que apresenta o indivíduo e o identifica perante a sociedade, integrando, assim, a efetividade do direito à sua identidade. Estuda-se, em seguida, a possibilidade de alteração do prenome e do sexo no registro civil de pessoas transgênero.

A partir daí, será analisado o julgamento da Ação Direta de Inconstitucionalidade nº 4.275/DF pelo Supremo Tribunal Federal, dando destaque e fundamento ao conteúdo dos votos dos ministros do Tribunal, com escopo de uma maior compreensão desse avanço jurídico. Com essa decisão, consolidada pela via judicial e em conformidade com a Opinião Consultiva nº 24/2017 da Corte Interamericana de Direitos Humanos e com o julgamento *A.P., Garçon e Nicot* contra a França, da Corte Europeia de Direitos do Homem, o Brasil deu um passo bastante importante para o reconhecimento da identidade de gênero de pessoas trans* ao estabelecer o direito desses indivíduos de expressar suas identidades em seus documentos sem a submissão a procedimentos patologizantes ou ao aval de terceiros.

Por fim, o quinto e último capítulo procurará explicar a situação jurídica das crianças e adolescentes transgênero após o julgamento da ADI nº 4.275/DF, se será possível ou não a retificação do prenome e do gênero diretamente nos cartórios de registro civil, independentemente de decisão judicial. Logo depois, será brevemente analisada a importância da criação de uma lei nacional que regulamente os direitos da população LGBTQIA+, em especial de crianças e adolescentes trans*.

Assim, com o desenvolvimento do presente estudo, a expectativa é de criar um espaço aberto de diálogos positivos e confiáveis para que as pessoas possam reconhecer a identidade trans* na infância e na adolescência e que possam entender que as crianças e os adolescentes transgênero devem ser tratados em igualdade, pois o respeito não cria rótulos.

CAPÍTULO 1

CONTEXTUALIZANDO A
TRANS* IDENTIDADE

1.1 Delimitações conceituais: sexo, gênero e orientação sexual

Durante toda a nossa vida, fomos ensinados que sexo e gênero são palavras sinônimas. Homens são masculinos e mulheres são femininas; azul para os meninos e rosa para as meninas.

Contudo, até a segunda metade do século XVIII, as diferenças anatômicas entre os sexos não eram debatidas. Na verdade, a vagina era vista como um pênis invertido, sendo a mulher fisiologicamente um homem imperfeito, pois carregava dentro de si tudo o que o homem tinha de exposto (BENTO, 2008). Além disso, não era algo incomum em uma menina tornar-se um menino. A título exemplificativo, existe o caso de Germain/Marie Garnier, que viveu até os 15 anos como uma menina, e por acidente, ao saltar de uma vala enquanto corria atrás de uns porcos, a "genitália masculina rompeu os ligamentos internos que até então a prendiam" (BENTO, 2008, p. 27). Em uma assembleia, a comunidade decidiu mudar o seu gênero e ela/ele passaria a ser chamada/o de Germain Garnier.

Ao longo dos séculos XVIII e XIX, tornou-se politicamente importante diferenciar biologicamente os homens e as mulheres através de discursos científicos. Assim, as mulheres passaram a ser vistas como mães, esposas e donas de casas. Para Berenice Bento (2008, p. 29), "os discursos da diferença sexual darão suporte, a partir de um discurso científico ao julgamento de condutas". Além disso, "em meados do século XIX, os trânsitos entre gêneros são interrompidos" (BENTO, 2008, p. 28), aquela pessoa que não era vista antes como um caso incomum passou a ser julgada pela sociedade.

Além disso, o azul não foi sempre considerado uma cor de menino nem rosa de menina. Até o século passado, era o contrário: o rosa era uma cor masculina, pois lembrava o vermelho, o sangue, passando uma ideia de força; já o azul, uma cor feminina, pois representava delicadeza. Somente após a Segunda Guerra Mundial é que a mudança rosa para meninas e azul para meninos aconteceu. Segundo a historiadora Jo B. Paoletti, "o conceito de igualdade de gênero emergiu e, como resultado, reverteu a perspectiva sobre como o azul e rosa eram associados a meninos e meninas" (PAOLETTI, 2019 *apud* GRANDELLE, 2019, [s.p.]). Portanto, essa ideia de azul ser de menino e rosa de menina não passa de uma simples construção social.

Ser feminino ou masculino no Brasil é diferente do que é ser feminino ou masculino na Nigéria ou até mesmo na Argentina. Enquanto há culturas em que o sexo é definido pelo órgão genital, há outras em que não. Ser masculino ou feminino é uma questão de gênero, e este não tem o mesmo significado que sexo.

A princípio, o termo sexo diz respeito tão somente às diferenças genéticas, fisiológicas e anatômicas entre as genitálias dos seres vivos. Biologicamente, na espécie humana, o sexo se dá através de um par de cromossomos, X e Y, que enviam as informações genéticas do indivíduo. Além disso, são identificados e reconhecidos quatro tipos de sexo, resultantes da combinação desses dois cromossomos, que são: o macho (XY), quando o indivíduo nasce com um pênis; a fêmea (XX ou X0), quando o indivíduo nasce com uma vagina; o intersexuado, quando nasce com uma combinação imprecisa de características sexuais primárias e/ou secundárias de ambos os sexos (pênis e vagina)[3]; e o nulo, quando a pessoa nasce destituída de qualquer traço genital preciso.

Diferentemente de outras espécies de animais, o comportamento humano não é herdado geneticamente, mas aprendido através de um complexo processo de socialização. Por exemplo, não é o sexo fêmea que determina o comportamento feminino de uma pessoa, mas o aprendizado social do que é ser fêmea numa determinada época e sociedade.

---

[3] Nota-se que "hoje há uma intensa campanha para que indivíduos intersexuais não sejam 'reaparelhados' ao nascer (...). Nesse caso, os médicos, juntamente com as famílias, decidem que órgão irão preservar e que órgão irão eliminar do indivíduo intersexuado a fim de poder classificá-lo em um dos dois gêneros existentes." (LANZ, 2014, p. 313).

CAPÍTULO 1
CONTEXTUALIZANDO A TRANS* IDENTIDADE | 19

O gênero, por sua vez, não pertence ao campo do biológico, mas ao campo do simbólico. É uma construção cultural, uma expectativa social designadora de papéis, comportamentos, atividades e características às quais a sociedade compulsoriamente submete os indivíduos tendo em vista o seu sexo genital. Varia de cultura para cultura e de época para época. Na nossa cultura ocidental, por exemplo, o gênero é um dispositivo binário, ou seja, somente há o reconhecimento de duas categorias: masculino e feminino ou homem e mulher. Essas duas categorias tentam se refletir nas duas categorias principais do sexo (macho e fêmea) para que o binarismo de gênero ou genderismo se aproprie para classificar os indivíduos nascidos machos e fêmeas, respectivamente, em homens e mulheres.

Contudo, historicamente, há registro de inúmeras culturas em que uma maior diversidade de gênero é aceita de maneira bastante natural, nas quais as pessoas não precisam estar limitadas a apenas duas categorias de gênero, indo além do binarismo. A título de exemplo, existem *hijras*[4] na Índia[5]; *berdaches* ou *two-spirit people* nas tribos norte-americanas; *waria* na Indonésia; *muxé* no México; *kathoey* na Tailândia; e *fa'afafine* nas ilhas Samoa. Enquanto nessas culturas as outras categorias de gênero (além do binarismo) têm sido celebradas ou até mesmo veneradas, na nossa cultura ocidental as pessoas que não se identificam com a categoria de gênero que lhe foi atribuída ao nascer em função do seu sexo genital são consideradas sócio-desviantes, gênero-divergentes, ou seja, transgressoras da ordem social ou transgênero (LANZ, 2014).

---

[4] Segundo a ativista transgênero Abhina Aher, mesmo havendo reconhecimento da identidade de gênero em 2014, as *hijras* vivem na pobreza ("quase 80% das transgênero são desempregadas") e sofrem violência sexual ("a maiorias tem que fazer trabalhos sexuais para sobreviver"). Aher diz que "as *hijras* são consideradas divinas, pois ficam *between* (entre), não sendo masculino, nem feminino e quando passa para a castração, você perde conexões com o mundo, vira *nirwaan. Nirwaan* se torna mais próximo de Deus". Por serem consideradas seres divinos, as *hijras* usam superstições para ganhar direito, pois o preconceito limita o acesso à educação, emprego e moradia. Informações retiradas da série de documentário: Christiane Amanpour: Amor e Sexo pelo Mundo, que se encontra disponível no *streaming* Netflix.

[5] No dia 15 de abril de 2014, a Suprema Corte da Índia reconheceu oficialmente a existência de um terceiro gênero (transexuais e intersexuais), que não é masculino nem feminino. O juiz K.S. Radhakrishnan, ao emitir sua decisão, declarou que "O reconhecimento dos transgênero como terceiro gênero não é uma questão social ou médica, mas de direitos humanos. (...) Os transgênero são cidadãos deste país e têm direito à educação e a todos os outros direitos". A notícia sobre a decisão da Suprema Corte da Índia pode ser consultada no site G1. Disponível em: http://g1.globo.com/mundo/noticia/2014/04/suprema-corte-da-india-reconhece-existencia-de-terceiro-genero.html.

Embora gênero e sexo não se confundam, por serem conceitos extremante distintos, na prática diária há uma certa paridade entre eles: as pessoas acham que alguém já nasce homem ou mulher (gênero) em virtude do seu sexo genital (macho e fêmea), contrariando a afirmação de Simone de Beauvoir (1967, p. 9) de que "ninguém nasce mulher, mas aprende a ser".

É bom sempre ressaltar que sexo se refere apenas "às diferenças genéticas, fisiológicas e anatômicas entre a genitália do macho e da fêmea da espécie humana" (LANZ, 2014, p. 40), enquanto gênero é uma construção social imposta "com base em normas de conduta culturais, políticas, jurídicas endereçadas específica e respectivamente a machos e fêmeas biológicas em cada sociedade e época" (LANZ, 2014, p. 40). Em síntese, o sexo está para a ordem da anatomia e da biologia, assim como o gênero está para a ordem do simbólico e do social.

Segundo o sociólogo Anthony Giddens (2008, p. 109), à expressão sexo atribuem-se as "diferenças anatômicas e fisiológicas que definem o corpo masculino e o corpo feminino", enquanto o "gênero está associado a noções socialmente construídas de masculinidade e feminilidade; não é necessariamente um produto direto do sexo biológico de um indivíduo" (GIDDENS, 2008, p. 109). As diferenças entre homens e mulheres não se limitam apenas à origem biológica e, em virtude disso, a distinção entre sexo e gênero é bastante essencial.

Como é possível perceber, não existem contradições quanto às definições desses termos, no entanto as discordâncias surgem quanto à origem de tais diferenças, que, segundo Giddens, podem ser analisadas através de três grandes linhas de argumentação.

A primeira linha, também conhecida como essencialismo, se baseia na ideia da "existência de uma base biológica nas diferenças de comportamento entre homens e mulheres" (GIDDENS, 2008, p. 109). Tanto o gênero quanto o sexo têm origem biológica. De acordo com esse pensamento, uma mulher/um homem é feminina/masculino (gênero) porque nasce com características femininas/masculinas, e para ter tais características é necessário ter nascido fêmea/macho (sexo). Nessa abordagem, as características físicas e sociopsicológicas que distinguem as mulheres dos homens são resultantes de fatores naturais, logo, o gênero e sexo são uma mesma e única coisa.

Na segunda linha de argumentação, também conhecida como estruturalismo ou feminismo de segunda onda, começa a ser dada "importância à socialização e à aprendizagem dos papéis de gênero"

(GIDDENS, 2008, p. 109) e o gênero passa a ser usado como distinto do sexo. Enquanto o sexo é um fator biológico, o gênero é visto como uma construção social produzida através de normas de conduta e práticas políticas e culturais historicamente localizadas no tempo e no espaço. De acordo com esse pensamento, uma criança nasce com um organismo biológico (macho ou fêmea) e só então ela passa a se desenvolver como sujeito social (homem ou mulher), em virtude da aprendizagem de papéis do gênero, realizada com o auxílio de instituições sociais como a família, a escola e a mídia.

Apesar de ter um caráter fundamentalmente social, não é negada no gênero "a biologia, mas enfatizada, deliberadamente, a construção social e histórica produzida sobre as características biológicas" (LOURO, 2003, p. 22). Como fala Robert Connell (1995, p. 189, *apud* LOURO, 2003, p. 22), "no gênero, a prática social se dirige aos corpos". Esse conceito se refere "ao modo como as características sexuais são compreendidas e representadas ou, então, como são 'trazidas para a prática social e tornadas parte do processo histórico'" (LOURO, 2003, p. 22). Trazendo para o campo das relações entre os sujeitos, as desigualdades passam a ser justificadas não a partir das diferenças biológicas, mas sim nas práticas sociais, na história, nas formas de representação.

Mais conhecida como teoria *queer*,[6] a terceira linha de argumentação ou pós-estruturalismo alega que "nem o gênero nem o sexo têm uma base biológica, sendo totalmente construídos a nível social" (GIDDENS, 2008, p. 109). Assim, não só o gênero, mas o próprio sexo está sujeito às forças sociais que o moldam e o alteram de variadas formas. De acordo com a psicanalista e pensadora transgênero Letícia Lanz (2014, p. 54), "o comportamento 'feminino', por exemplo, não é determinado pelo fato de um indivíduo ter nascido 'fêmea', ou seja, com uma vagina, elemento corporal que o poder/saber toma como verdadeiro, natural e fundamental".

---

[6] A expressão *queer* pode ser traduzida por estranho, ridículo, excêntrico, raro, extraordinário (LOURO, 2003, p. 38). Essa palavra, inicialmente, era usada de modo pejorativo, ofensivo ou insultivo por grupos homofóbicos quando se referiam à comunidade LGBT+. Atualmente, esse termo foi reapropriado pela comunidade e essa palavra, que tinha um sentido negativo, foi transformada em positiva (como orgulho e emancipação), e se tornou representativa contra a heteronormatividade compulsória da sociedade, fazendo críticas ao binarismo de gênero. A palavra *queer* passou a ser vista como termo guarda-chuva, englobando todas as pessoas que não se identificam como heterossexuais ou cisgênero. Ser *queer* é seguir uma prática de vida que se coloca contra as normas de gênero socialmente aceitas. "O *queer* é um momento, um movimento, um motivo contínuo – recorrente, vertiginoso, perturbador" (BUTLER *apud* SALIH, 2012, p. 19).

A filósofa norte-americana Judith Butler entende que a noção de gênero deve ser compreendida como um ato performativo, ou seja, "uma ação pública que encena significações já estabelecidas socialmente e desse modo funda e consolida o sujeito. São palavras ou gestos que, ao serem expressos criam uma realidade" (SMITH, SANTOS, 2017, p. 8). Butler explana essa ideia no primeiro capítulo do seu livro "Problemas de Gênero" (*Gender Trouble*):

> O gênero é a estilização repetida do corpo, um conjunto de atos repetidos no interior de uma estrutura reguladora altamente rígida, a qual se cristaliza no tempo para produzir a aparência de uma substância, de uma classe natural de ser. A genealogia política das ontologias do gênero, em sendo bem-sucedida, desconstruiria a aparência substantiva do gênero, desmembrando-a em seus atos constitutivos, e explicaria e localizaria esses atos no interior das estruturas compulsórias criadas pelas várias forças que policiam a aparência social do gênero. (BUTLER, 2018, p. 69)

Ao utilizar o termo sexo, Butler não está se referindo à "relação sexual", mas sim à identidade sexuada quando atribuída. Em *Bodies That Matter*, ela afirma:

> Consideremos a interpelação médica que, não obstante a emergência recente das ecografias, transforma um bebê de um ser "neutro" num "ele" ou "ela": nessa nomeação a menina *torna-se* menina, ela é trazida para o domínio da linguagem e do parentesco através da interpelação do gênero. Mas esse *tornar-se menina* não termina aí; pelo contrário, essa interpelação fundante é reiterada por várias autoridades e, ao longo de vários intervalos de tempo, para reforçar ou contestar esse efeito naturalizado. A nomeação é, ao mesmo tempo, o estabelecimento de uma fronteira e também a inculcação repetida de uma norma. (BUTLER, 1993, p. 7-8)

Quando uma mulher está grávida, uma das suas maiores expectativas é descobrir o sexo do bebê. E quando o sexo da criança é revelado, aquele feto deixa de ser feto e passa a ser um menino ou uma menina. As reiterações performáticas de gênero se iniciam a partir do momento em que o médico ou a enfermeira declaram "é um menino!" ou "é uma menina!", pois tais declarações não descrevem uma situação fática, mas atribuem "um sexo e um gênero a um corpo que não pode ter existência fora do discurso" (SALIH, 2015, p. 125) e, ao fazerem isso, se tornam um marco inicial de produção de masculinidades e feminilidades que se condicionam ao órgão genital. Sendo assim, se uma criança recebe brinquedos de bonecas e casinhas, ela está sendo preparada para o gênero feminino, e, ao receber carros e bolas, ela está sendo condicionada para o gênero masculino. O sexo aqui não é algo que uma pessoa tem, mas "é uma das normas pela qual se torna viável, qualificador de humanidade à matéria corpórea" (BENTO, 2008, p. 37).

Em suma, a teoria da performatividade tenta entender como a repetição das normas do dispositivo binário de gênero, muitas vezes feita de forma ritualizada, cria sujeitos que são o resultado dessas repetições. Dessa forma, quem se comporta fora destas normas que, quase sempre, encarnam determinados ideais de masculinidade e feminilidade ligados com uma união heterossexual (heteronormatividade[7]), acaba sofrendo diversas consequências negativas, tais como desrespeito, violências físicas e simbólicas.

Judith Butler se afasta do pressuposto de que sexo, gênero e sexualidade estejam relacionados mutuamente e declara que o gênero é uma construção discursiva, ou seja, algo que é produzido e não natural. Ela analisa que:

> Levada ao seu limite lógico, a distinção sexo/gênero sugere uma descontinuidade radical entre os corpos sexuados e gêneros culturalmente construídos. Supondo por um momento a estabilidade do sexo binário, não decorre daí que a construção de "homens" se aplique exclusivamente a corpos masculinos, ou que o termo "mulheres" interprete somente corpos femininos. (BUTLER, 2018, p. 26).

---

[7] Apesar de serem utilizadas como sinônimos, a heteronormatividade e a heterossexualidade compulsória não se confundem. A heterossexualidade compulsória baseia-se "na exigência de que todos os sujeitos sejam heterossexuais, isto é, se apresenta como única forma considerada normal de vivência da sexualidade" (COLLING, 2018, p. 45). As pessoas precisariam ser heterossexuais para serem normais, pois a homossexualidade era vista como uma doença, algo que precisaria ser estudado, tratado. Contudo, com a despatologização da homossexualidade, a heterossexualidade compulsória perdeu a força, isto porque a patologização sustentava a heterossexualidade como única forma sadia de vivenciar a sexualidade. Já a heteronormatividade busca dar conta de uma nova ordem social, exigindo que todos, heterossexuais, homossexuais e outros indivíduos, organizem suas vidas conforme o modelo supostamente coerente da heterossexualidade. As pessoas não heterossexuais não são vistas como doentes, elas tornam-se compreensíveis, mas "desde que se identifiquem com a heterossexualidade como modelo, isto é, mantenham a linearidade entre sexo e gênero" (COLLING, 2018, p. 47). Em suma, "enquanto na heterossexualidade compulsória todas as pessoas devem ser heterossexuais para serem consideradas normais, na heteronormatividade, todas devem organizar suas vidas conforme o modelo heterossexual, tenham elas práticas sexuais heterossexuais ou não" (COLLING, 2018, p. 47).

Logo, para Butler, é possível uma fêmea "masculina" ou um macho "feminino". A filósofa desenvolve essa ideia argumentando que o sexo é tão culturalmente construído quanto o gênero e, portanto, não precisaria haver uma distinção entre os dois, já que o sexo e o gênero seriam necessariamente *a mesma coisa (BUTLER, 2018)*. Ela diz que:

> Se o caráter imutável do sexo é contestável, talvez o próprio construto chamado "sexo" seja tão culturalmente construído quanto o gênero; a rigor, talvez o sexo sempre tenha sido gênero, de tal forma que a distinção entre sexo e gênero revela-se absolutamente nula. Se o sexo é, ele próprio, uma categoria tomada em seu gênero, não faz sentido definir o gênero como a interpretação cultural do sexo. (...) Resulta daí que o gênero não está para a cultura como o sexo para a natureza. (BUTLER, 2018, p. 27)

Em seu livro *Manifesto contrassexual*, o escritor e filósofo feminista transgênero Paul B. Preciado (nascido como Beatriz Preciado) faz uma análise crítica da diferença de gênero e de sexo que costumam ser julgados como produto de explicações biológicas da heterocisnormatividade. Para ele, tanto o sexo quanto o gênero seriam resultados de dispositivos inscritos em um sistema tecnológico e sociopolítico complexo e que os termos homem, mulher, homossexual, heterossexual, transexual, "bem como suas práticas e identidades sexuais, não passam de máquinas, produtos, instrumentos, aparelhos, truques, próteses, redes, aplicações, programas, conexões." (PRECIADO, 2014, p. 23). Preciado diz que:

> O gênero não é simplesmente performativo (isto é, um efeito das práticas culturais linguístico-discursivas) como desejaria Judith Butler. O gênero é, antes de tudo, prostético, ou seja, não se dá senão na materialidade dos corpos. *É puramente construído e ao mesmo tempo inteiramente orgânico.* Foge das falsas dicotomias metafísicas entre o corpo e a alma, a forma e a matéria. O gênero se parece com o dildo. Ambos, afinal, vão além da imitação. Sua plasticidade carnal desestabiliza a distinção entre o imitado e o imitador, entre a verdade e a representação da verdade, entre a referência e o referente, entre a natureza e o artifício, entre os órgãos sexuais e as práticas do sexo. O gênero poderia resultar em uma tecnologia sofisticada que fabrica corpos sexuais. (PRECIADO, 2014, p. 29)

Apesar de ter bastantes pontos em comum com Judith Butler, em especial a ideia da performatividade, Paul B. Preciado diz que *Problemas de gênero*, de Butler, deixou de considerar as transformações sexuais presentes nos corpos transexuais e transgênero (PRECIADO, 2014). Então, a contrassexualidade de Preciado tem como objetivo "identificar os espaços errôneos, as falhas da estrutura do texto e reforçar o poder dos desvios e derivações com relação ao sistema heterocentrado" (PRECIADO, 2014, p. 27), dando destaque aos corpos intersexuais, hermafroditas, entre outros.

É importante ressaltar que grande parte dos discursos de gênero abarca as questões de sexualidade. E, para entender isso, é preciso estabelecer algumas distinções entre gênero e sexualidade ou entre identidade de gênero e identidade sexual, pois, na prática social, tais aspectos são frequentemente confundidos e vistos como se fossem a mesma coisa.

A identidade sexual ou orientação sexual consiste na atração erótico-afetiva que se sente por pessoas do mesmo sexo, pessoas de sexo diverso ou de ambos os sexos. É a capacidade que cada um possui de sentir atração emocional, afetiva ou sexual por outros indivíduos.

Segundo uma cartilha divulgada pelo Ministério Público Federal (MPF),[8] as orientações sexuais mais comuns são: 1) homossexualidade: atração emocional, afetiva ou sexual por pessoa do mesmo gênero; 2) heterossexualidade: atração emocional, afetiva ou sexual por pessoa de gênero diferente; 3) bissexualidade: atração emocional, afetiva ou sexual por pessoas dos dois gêneros; 4) assexualidade: ausência de atração sexual por pessoas de ambos os gêneros. Porém, isso não quer dizer que não existam outras.

Enquanto as identidades sexuais são constituídas através das formas como as pessoas vivem sua sexualidade, seja com parceiras/os do mesmo sexo, do sexo oposto, de ambos os sexos ou sem parceiras/os, as identidades de gênero são identificadas, social e historicamente, como masculinas ou femininas (LOURO, 2003, p. 26). Desta maneira, uma pessoa homossexual, por exemplo, é aquela que não sofre dissociação entre seu sexo físico e seu sexo psíquico; é um homem que se entende como homem e ama outros homens, assim como uma mulher que se entende como mulher e ama outras mulheres.

Identidade sexual e identidade de gênero não são a mesma coisa. Logo, não se confundem. Sujeitos masculinos ou femininos podem ser

---

[8] Denominada "O Ministério Público e a Igualdade de Direitos para LGBTI: Conceitos e Legislação/Procuradoria Federal dos Direitos do Cidadão, Ministério Público do Estado do Ceará", a cartilha pode ser consultada no site do MPF. Disponível em: http://www.mpf. mp.br/atuacao-tematica/pfdc/midiateca/nossas-publicacoes/o-ministerio-publico-e-a-igua ldade-de-direitos-para-lgbti-2017.

heterossexuais, homossexuais, bissexuais, assexuais etc. O que deve ser considerado é que ambas as identidades são "sempre construídas, elas não são dadas ou acabadas num determinado momento" (LOURO, 2003, p. 27) e por isso são instáveis e passíveis de transformação. Segundo Deborah Britzman:

> Nenhuma identidade sexual — mesmo a mais normativa — é automática, autêntica, facilmente assumida; nenhuma identidade sexual existe sem negociação ou construção. Não existe, de um lado, uma identidade heterossexual lá fora, pronta, acabada, esperando para ser assumida e, de outro, uma identidade homossexual instável, que deve se virar sozinha. Em vez disso, toda identidade sexual é um constructo instável, mutável e volátil, uma relação social contraditória e não finalizada. (BRITZMAN, 1996, p. 74 *apud* LOURO, 2003, p. 27)

As identidades de gênero também estão se construindo quando os sujeitos, nas suas relações sociais, em diferentes discursos, passam a ser vistos como masculinos ou femininos. Guacira Lopes Louro afirma que:

> Em suas relações sociais, atravessadas por diferentes discursos, símbolos, representações e práticas, os sujeitos vão se construindo como masculinos ou femininos, arranjando e desarranjando seus lugares sociais, suas disposições, suas formas de ser e de estar no mundo. Essas construções e esses arranjos são sempre transitórios, transformando-se não apenas ao longo do tempo, historicamente, como também transformando-se na articulação com as histórias pessoais, as identidades sexuais, étnicas, de raça, de classe (...) (LOURO, 2003, p. 28)

Ainda, a exteriorização desta identidade se dá através da expressão de gênero, que "traduz-se pelo conjunto das formas, condutas e recursos social e culturalmente sancionados que uma pessoa deve usar para expressar uma determinada identidade de gênero no mundo exterior" (LANZ, 2014, p. 309). É como o indivíduo se apresenta na sociedade, por meio da vestimenta, dos acessórios, do estilo de cabelo, das maquiagens, das modificações corporais, das linguagens verbal e corporal, da forma como interage com as demais pessoas. Há de se destacar, todavia, que essa expressão não precisa necessariamente se alinhar à identidade de gênero, ou seja, a pessoa pode ser de um determinado gênero e ter uma expressão de outro gênero (exemplo: uma pessoa do gênero feminino que se veste e se comporta de maneira masculina).

Apesar de ser inteiramente distinta dos conceitos de sexo e de gênero, a orientação sexual é vista, pela cultura ocidental, como um atributo relacionado diretamente ao órgão genital e, naturalmente, ao gênero que foi atribuído no nascimento. Sendo assim, a nossa cultura ocidental não vê qualquer outra possibilidade de combinação entre sexo, gênero e orientação sexual a não ser a heteronormativa, ou seja, quem nasce com um pênis é rotulado como homem e tem que ter atração erótico-afetiva por mulher, e quem nasce com uma vagina é identificada como mulher e tem que ter desejo erótico-afetivo por homem. Essa heteronormatividade é expressada através de comportamentos, expectativas, demandas e da forma de organizar a vida das pessoas segundo o modelo heterossexual, mantendo uma linearidade entre o sexo e gênero, assim uma pessoa se define de acordo com o seu sexo biológico.

1.2 Transgênero: para além da transexualidade e travestilidade

Para entender o conceito de transgeneridade, é necessário, primeiro, entender o significado de identidade de gênero.

A identidade de gênero é o termo utilizado para descrever a compreensão pessoal que cada sujeito constrói sobre si em relação às definições sociais de masculinidade e feminilidade, fazendo com que cada um se localize dentro desse universo de gênero. Segundo Elizabeth Zambrano:

> (...) é a forma de um indivíduo perceber e ser percebido pelos outros como masculino ou feminino, de acordo com os significados desses termos construídos pela cultura à qual pertence. É tudo o que a própria pessoa espera de si, em função de classificar-se, naquela sociedade, como homem ou mulher: o lugar simbólico a ser ocupado nas relações com os outros, os tipos de roupas que deve vestir, os comportamentos prescritos e os interditados, além dos sentimentos que se presume deva experimentar. (ZAMBRANO, 2006, p. 104)

O Conselho Nacional de Combate à Discriminação e Promoção dos Direitos de Lésbicas, Gays, Bissexuais, Travestis e Transexuais (CNCD/LGBT), em sua Resolução nº 11, conceitua identidade de gênero da seguinte maneira:

§1º – Para efeitos desta Resolução, considera-se, de acordo com os Princípios da Yogyakarta:

II – Identidade de gênero "a profundamente sentida, experiência interna e individual do gênero de cada pessoa, que pode ou não corresponder ao sexo atribuído no nascimento, incluindo o senso pessoal do corpo (que pode envolver, por livre escolha, modificação da aparência ou função corporal por meios médicos, cirúrgicos ou outros) e outras expressões de gênero, inclusive vestimenta, modo de falar e maneirismos.

A identidade de gênero está em um espectro, com o masculino e o feminino nas extremidades, permeada por uma diversidade de identidades não binárias. Portanto, essa identidade pode estar, ou não, relacionada ao sexo atribuído no momento do nascimento. A pessoa que se identifica com o sexo biológico é chamada de cisgênero, ou seja, é aquela que está de acordo com as condutas de gênero estabelecidas pela sociedade e época em que se vive. Viviane Vergueiro compreende a cisgeneridade como:

> Um conceito analítico que eu posso utilizar assim como se usa hetero-rossexualidade para as orientações sexuais, ou como branquitude para questões raciais. Penso a cisgeneridade como um posicionamento, uma perspectiva subjetiva que *é* tida como natural, como essencial, como padrão. A nomeação desse padrão, desses gêneros vistos como naturais, cisgêneros, pode significar uma virada descolonial no pensamento sobre identidades de gênero, ou seja, nomear cisgeneridade ou nomear homens-cis, mulheres-cis em oposição a outros termos usados anteriormente como mulher biológica, homem de verdade, homem normal, homem nascido homem, mulher nascida mulher etc. Ou seja, esse uso do termo cisgeneridade, cis, pode permitir que a gente olhe de outra forma, que a gente desloque essa posição naturalizada da sua hierarquia superiorizada, hierarquia posta nesse patamar superior em relação com as identidades trans, por exemplo (VERGUEIRO, 2014 *apud* DUMARESQ, 2014).

Por outro lado, são denominados transgênero aqueles indivíduos que não se identificam com a identidade que lhe foi atribuída ao nascer. Logo, essas pessoas se sentem obrigadas "a transgredir as normas do gênero no qual foram enquadradas a fim de expressarem a identidade de gênero com a qual se identificam e na qual se reconhecem" (LANZ, 2014, p. 73). Assim, o direito a essa identidade é o direito de cada um ser reconhecido como realmente é, e, por causa disso, o indivíduo deve ver respeitado o direito à sua própria imagem real, segundo os valores que crê, não de acordo com uma imposição social.

Segundo Maria Berenice Dias, pessoas transgênero são aquelas "cuja identidade de gênero não coincide de modo exclusivo e permanente com o sexo designado no nascimento" (DIAS, 2014a, p. 44), ou seja, não se veem representadas por aquilo que a sociedade lhes impôs quando da sua vinda ao mundo.

Para Letícia Lanz, as pessoas transgênero são caracterizadas pelo "seu notório desvio das normas do binário de gêneros masculino e feminino" (LANZ, 2010 *apud* LANZ, 2014, p. 64). Quando o indivíduo apresenta algum tipo de desconformidade com essas normas, ele se torna gênero-divergente, sócio-desviante ou transgênero, um *outsider* na sociedade em que vive (LANZ, 2014). Ao se desviar das normas e transgredir a ordem social e política, esse indivíduo passa a se tornar uma clara ameaça à conduta de gênero estabelecida pela sociedade, arcando, assim, com as consequências danosas por se comportar desta forma. Logo, uma pessoa transgênero é um não-ser, ou seja, é um "alguém que, mesmo tendo existência material, não constitui uma identidade socialmente reconhecida e legitimada, isto é, devidamente inserida na matriz cultural de inteligibilidade" (LANZ, 2016, p. 206). Portanto, por mais que a pessoa tenha sanidade mental, inteligência e lucidez, será considerada "não normal" por não seguir os requisitos de normalidade ditados pela sociedade.

De acordo com Jorge Leite Jr. (2008, p. 125), essas pessoas "não apenas questionam normas de gênero estabelecidas, mas ajudam a criar novos padrões de gêneros que podem vir a ser repetidos, pois é no interior da performatividade que as fissuras de gênero se revelam e moldam caminhos para novas vivências".

A American Psychological Association (APA) afirma que:

Transgênero é um termo guarda-chuva para pessoas cuja identidade de gênero, expressão de gênero ou comportamento não está de acordo com o tipicamente associado ao sexo ao qual eles foram designados no nascimento. A identidade de gênero refere-se ao senso interno de uma pessoa de ser homem, mulher ou outra coisa; expressão de gênero refere-se à maneira como uma pessoa comunica a identidade de gênero a outras pessoas através de comportamento, roupas, penteados, características de voz ou corpo. "Trans" às vezes é usado como abreviação de "transgênero". Embora transgêneros geralmente seja um bom termo para usar, nem todos cuja aparência ou comportamento é incompatível com o gênero se identificarão como transgêneros. As maneiras pelas quais as pessoas trans são abordadas na cultura popular, na academia e na ciência estão mudando constantemente, particularmente à medida que a conscientização, o conhecimento e a abertura dos indivíduos sobre pessoas trans e suas experiências crescem. (APA, 2011, trad. livre da autora)

Foi a partir de 1992, com a publicação do panfleto de Leslie Feinberg, denominado *Transgender Liberation: A Movement Whose Time Has Come*, que o termo transgênero passou a ser utilizado como termo guarda-chuva, ou seja, um termo que inclui não só os transexuais e travestis, mas todas as identidades que, para se expressarem dentro da sociedade em que vivem, não estão em conformidade com binarismo de sexo e de gênero e que, em virtude disso, sofrem algum tipo de opressão sociopolítica, econômica e cultural. Por isso, é de suma importância entender que o transgênero vai além de uma simples identidade gênero-divergente, sendo "uma circunstância sociopolítica de inadequação e/ou discordância e/ou desvio e/ou não-conformidade com o dispositivo binário de gênero, presente em todas as identidades gênero-divergentes" (LANZ, 2014, p. 70).

Ao transgredir o dispositivo binário de gênero, o indivíduo transgênero passa a transgredir também as condutas que a sociedade estabeleceu para aquele determinado gênero. Ou seja, se um homem se veste, se maquia e se comporta socialmente como mulher, pois busca expressar-se como mulher, ele estaria transgredindo as condutas que a sociedade fixou para o gênero masculino. O mesmo ocorre com a mulher. Por esse motivo, o transgênero pode ser descrito como alguém cuja identidade de gênero apresente alguma discordância com as regras de condutas socialmente aceitas para aquela determinada categoria de gênero.

Destarte, a transgeneridade pode ser entendida como uma transgressão às condutas socialmente normatizadas que configuram o dispositivo binário de gênero. Uma pessoa biologicamente fêmea não está autorizada a se identificar como "ser homem" pela sociedade (e na época) em que vive. O indivíduo transgênero passa a se tornar um delinquente, um transgressor social, pois infringe toda uma conduta socialmente estabelecida ao identificar-se com o gênero oposto.

É através do uso de vestuário, práticas e atitudes, o modo de andar, de falar e de se comportar e de se apresentar em determinadas situações que há um reconhecimento imediato da identidade de gênero de uma pessoa. "Expressar uma identidade de gênero é, portanto, conduzir-se de acordo com o código de conduta social específico para o gênero no qual a pessoa deseja se expressar" (LANZ, 2015, p. 115).

Para a transativista inglesa Ruth Pearce:

> Há muitas discussões por aí sobre como uma pessoa trans pode passar como homem ou como mulher. Eles variam de dicas diretas de aprovação a debates mais complexos sobre o valor da aprovação e o que queremos dizer quando usamos a palavra. Passar para mim parece ser sobre duas coisas: é garantir que os outros vejam nosso gênero como desejamos, mas também é sobre sobrevivência (desaparecer para garantir que não nos tornemos alvos). Como tal, embora eu me incline a argumentar que devemos tentar subestimar a importância de passar nas comunidades trans – afinal, nem todos podem passar, e você pode gastar tanto tempo se preocupando com isso que mal acaba saindo de casa –, eu acho que as pessoas têm todo o direito de trabalhar para passar. Qualquer coisa que minimize o assédio público deve ser uma coisa boa. (PEARCE, 2010, trad. livre da autora)

A passabilidade é um termo utilizado pela comunidade transgênero que implica um determinado indivíduo trans* que passa a ser reconhecido pela sociedade como alguém em conformidade com as normas do dispositivo binário de gênero, em outras palavras, é quando a pessoa trans* é lida pela sociedade como se fosse cis.

Quanto mais reconhecida(o) socialmente como pessoa de gênero conforme o seu sexo, menos ela terá de sofrer violência por ataques transfóbicos. Portanto, em um mundo onde há violência e estigmatização transfóbica, ser passável se torna uma estratégia de sobrevivência para sujeitos trans*, uma vantagem que infelizmente chega a se fazer necessária. "A passabilidade cumpriria, assim, uma função de legitimação da identidade, através da alteridade proporcionada pelo 'olhar do outro', nos relacionamentos interpessoais diários da pessoa transgênero com outras pessoas (cis ou trans)" (LANZ, 2014, p. 130). Para essas pessoas, é bastante comum ouvir frases como: "ninguém nunca diria que você é trans*" ou "você parece muito com uma mulher" como se fossem elogios, mas na realidade não o são.

Ser vista e reconhecida abertamente como uma pessoa do gênero oposto é, normalmente, o que a pessoa trans* mais quer e o que mais teme, pois será vista pela sociedade como realmente é, mas essa mesma sociedade poderá excluí-la por ela não estar em conformidade com as "normas" de binarismo de gênero. O indivíduo transgênero passa a se tornar objeto de violência psicológica ou até mesmo física pelos colegas, vizinhos e até amigos, podendo ser julgada tanto na escola quanto no trabalho. Dificilmente conseguirá manter o próprio emprego. São diversos os obstáculos que a sociedade impõe contra essas pessoas por transgredirem o dispositivo binário de gênero.

Existe aqui um paradoxo, pois para ser vista como alguém perfeitamente passável, é preciso abdicar dessa visibilidade social, portanto, "quanto menor a visibilidade social como pessoa transgênero, maior a chance dela passar como membro do gênero oposto" (LANZ, 2016, p. 212), não podendo deixar qualquer evidência da vida anterior ou qualquer dúvida sobre a identidade de gênero que assumiu após a transição. Assim, essa visibilidade social se torna "uma questão problemática, sujeita a muitas tensões e conflitos, tanto para as pessoas transgênero que conseguem 'passar' perfeitamente como membros do gênero oposto quanto para quem se julga incapaz de conseguir tal 'proeza cênica'" (LANZ, 2014, p. 140).

O verdadeiro instrumento de submissão da população transgênero não é a sua visibilidade ou invisibilidade social, mas sim o dispositivo binário de gênero. Se as pessoas estão, como se diz popularmente, "dentro do armário" ou tentam ser perfeitamente passíveis, não é por causa da (in)visibilidade social em si, mas "por causa do terrível 'olhar do outro', aperfeiçoado por anos de 'condicionamento sociocultural' para identificar e denunciar prontamente qualquer 'desvio de conduta' em relação às normas de gênero" (LANZ, 2014, p. 141).

A transfobia é a mais grave manifestação de ódio e violência derivada desse binarismo de gênero, apresentando-se na forma de discriminação e preconceito contra pessoas transgênero (transexuais, travestis etc.), podendo ir desde a repulsa emocional, desconfortos, medo, intolerância, desprestígio até violência e exclusão das pessoas trans* tanto em casa quanto nas ruas. Além do aumento do risco de violência (física e psicológica), a transfobia causa diversas consequências emocionais negativas às pessoas trans*, ficando elas sujeitas ao uso abusivo de substâncias tóxicas, ao afastamento da família, à depressão e até mesmo à tentativa de suicídio.

A título exemplificativo, a travesti Luma Nogueira de Andrade, em sua tese de doutorado "Travestis na escola: assujeitamentos e resistência à ordem normativa" (2012), entrevistou algumas travestis para desenvolver a sua pesquisa, e uma delas foi a Gabi (nome fictício) que, em meio ao processo de sua transformação corporal,[9] foi aprovada em uma nova escola pública profissionalizante do Ensino Médio. Apesar das boas notas em seu histórico escolar e do ótimo desempenho na redação, Gabi revelou que se houvesse informado na redação que era travesti, possivelmente não teria sido selecionada para o curso de Enfermagem e a convivência nas dependências escolares a fez perceber isso: era violentada verbal e psicologicamente (até mesmo pela própria diretora, que dizia que sua imagem "avacalhava a escola"), o seu nome social não era aceito e não podia frequentar o banheiro feminino. Tudo para Gabi era mais difícil e, em virtude de toda a pressão, ela desistiu de estudar na referida escola. A negação por parte dos professores, diretores, gestores e demais alunos de utilizarem o nome social e a reconhecerem como ela se identifica é o próprio reflexo de uma sociedade heteronormativa, afetada por prejulgamentos e atitudes preconceituosas e exclusivas (ANDRADE, 2012).

Em seu livro *Quadros de Guerra: quando a vida é passível de luto?* (*Frames of War: When Is Life Grievable*), Judith Butler (2019, p. 17) aponta que "há 'sujeitos' que são exatamente reconhecíveis como sujeitos e há 'vidas' que dificilmente – ou, melhor dizendo, nunca – são reconhecidas como vidas". Então, pergunta-se: a vida de uma pessoa trans* é considerada digna ou indigna de luto?

Para responder a essa questão é preciso entender primeiro que, para Butler, todas as vidas são precárias, ou seja, "todas as vidas carecem de elementos externos que ofereçam suporte para sua existência" (ROCON *et al*, 2020, p. 167). Não existe vida precária fora do agir. O sujeito só emerge enquanto sujeito no momento em que ele se encontra com o outro e formula para si um suposto de alteridade, sendo este um movimento da ação. O indivíduo só se entende como sujeito quando passa a entender e ser entendido com o outro. Desta maneira, os sujeitos ficam "expostos não somente àqueles que conhecemos, mas também àqueles que não conhecemos, isto é, dependemos das pessoas que conhecemos, das que conhecemos superficialmente e

---

[9] Luma Nogueira de Andrade entende que o processo de transformação corporal é "inspirado no processo de metamorfose em que lagartas se transformam em borboletas, penso a transformação de um corpo masculino em feminino. E este processo é uma necessidade vital para a existência das travestis tanto quanto para as borboletas. Na travesti, esta metamorfose corporal tem como objetivo central adequar seu corpo 'masculino' à sua construção mental 'feminina'" (2012, p. 24).

das que desconhecemos totalmente" (BUTLER, 2019, p. 31). A ideia de outro, de ser outro é o que o constitui como alguém.

A vida precária é "a condição de estar condicionado" (BUTLER, 2019, p. 43), ou seja, todos os indivíduos estão condicionados a um discurso, pois eles só existem na ação, quando agem para alguém e esse alguém os reconhece enquanto sujeitos de ação, logo, eles estão condicionados à condição de existir enquanto agentes. Em outras palavras, a vida precária seria uma condição de existir enquanto discurso (enquanto ação), algo do qual o ser humano não consegue fugir, não consegue se distanciar. Portanto, todas as vidas são precárias, "mas existem aquelas cuja condição de precariedade é minimizada pelas intervenções do Estado, através de políticas como a de saúde, e há as outras" (ROCON *et al.*, 2020, p. 167).

Essas condições que dão suporte à vida precária são constituídas através de enquadramentos e a vida não pode ser reconhecida fora deles, pois seria através deles que ela é apresentada (BUTLER, 2019, p. 44). E o que seriam esses enquadramentos? De modo didático, é possível entender este termo da seguinte maneira, quando se dá sentido a determinado acontecimento, geralmente, o indivíduo foca em determinadas coisas. E é este focar que o faz recortar o acontecimento e estabelecer uma versão para os sentidos. Quando se produz um recorte, o indivíduo produz um quadro e tudo o que é focado por esta pessoa é colocado dentro deste quadro. Todo sentimento fica condicionado pelo modo como o indivíduo interpreta o mundo, ou seja, fica condicionado pelos enquadramentos postos. Em *Quadros de Guerra*, Judith Butler (2019) tenta fazer com que não se olhe para o conteúdo do quadro, mas sim para a sua moldura, pois é a moldura que condiciona a cena e o acontecimento. Portanto, esta ideia de pensar em enquadramentos ajuda a entender como é que determinados modos culturais, regulações e disposições afetivas e éticas são emoldurados situacionalmente a partir dos enquadramentos. A partir daí, se torna necessário enquadrar o enquadramento, expondo os artifícios que o produzem e, assim, questionar a própria moldura, a própria norma.

O reconhecimento do sujeito enquanto sujeito deve ser construído por normas que facilitem este reconhecimento, pois são elas que enquadram o sujeito, o colocam em um sentido, que está sendo disputado o tempo todo. "O fato de ser passível de luto é uma condição do surgimento e da manutenção de uma vida" (BUTLER, 2019, p. 32-33). Sem a condição de ser enlutada, não há vida. Portanto, a vida só existe, para Judith Butler (2019), exatamente quando o seu sentido e seu valor ético estão sendo medidos pela morte, ou seja, pela capacidade de produzir sofrimento, memória e enlutamento. O sujeito vai, cada vez mais, se reconhecendo (e sendo reconhecido) a partir das narrativas de seu sofrimento.

Importa destacar que quando Butler (2019) fala em reconhecimento e em condição de ser reconhecido, não está falando sobre este ou aquele indivíduo, mas sim à coletividade. "A precariedade tem de ser compreendida não apenas com um aspecto *desta* ou *daquela* vida, mas como uma condição generalizada, cuja generalidade só pode ser negada negando-se a precariedade enquanto tal" (BUTLER, 2019, p. 42).

Portanto, se todas as vidas são precárias, todas seriam passíveis de luto. "A apreensão da condição de ser enlutada precede e torna possível a apreensão da vida precária" (BUTLER, 2019, p. 33). Contudo, esta não é a realidade. A partir dos enquadramentos, "determinadas vidas são percebidas como vidas, ao passo que outras, embora aparentemente estejam vivas, não conseguem assumir uma forma percebível como tal" (BUTLER, 2019, p. 44-45).

Existem corpos cuja morte não é aceita como condição, provocando sentimentos de repulsa por qualquer violência cometida contra eles, e corpos que, simplesmente, são esquecidos, se tornando abjetos. "Os corpos abjetos são corpos cujas vidas não são consideradas vidas e cuja materialidade é entendida como não importante" (PORCHAT, 2015, p. 43). Por serem abjetas, essas vidas são destruídas sem causar qualquer comoção pública, pois a sua perda não é lamentada, já que nunca foram vividas, ou seja, nunca foram passíveis de luto (BUTLER, 2019).

> Essas populações são "perdíveis", ou podem ser sacrificadas, precisamente porque foram enquadradas como já tendo sido perdidas ou sacrificadas; são consideradas como ameaças à vida humana como a conhecemos, e não como populações vivas que necessitam de proteção contra a violência ilegítima do Estado, a fome e as pandemias. Consequentemente, quando essas vidas são perdidas, não são objeto de lamentação, uma vez que, na lógica distorcida que racionaliza sua morte, a perda dessas populações é considerada necessária para proteger a vida dos "vivos". (BUTLER, 2019, p. 53)

Assim, quando não são percebidas como vidas, e, consequentemente, como humanidade, a violência contra elas é aplicada com legitimação social, de maneira seletiva.

Violências físicas, psicológicas e simbólicas contra as pessoas trans* são constantes. De acordo com o TvT – *Transrespect versus Transphobia Worldwide*,[10] entre 1º de outubro de 2018 e 30 de setembro de 2019, 130 pessoas trans* foram mortas no Brasil, entre as 331 assassinadas em 74 países em todo o mundo.[11] O que deixa esses números mais assustadores é que o Brasil possui mais que o dobro do número de mortes que o segundo colocado (o México, com 63 mortes), tornando-se o país que mais violenta e assassina essa parcela da população em todo o mundo. A maioria das vítimas são as mulheres transexuais e as travestis. Dessa maneira, pode-se dizer que o Brasil é o país com os maiores índices de violência e assassinato de pessoas transgênero e, mesmo que tais mortes sejam frequentemente divulgadas, pouco tempo depois são esquecidas, acontecendo tudo novamente. Assim, "é instituído um genocídio silencioso, que não perturba a percepção da violência, pois esses são corpos que não importam" (ROCHA, LANZA, RIBEIRO, 2020, p. 68). Letícia Lanz afirma que "a invisibilidade da população transgênero cria, ao mesmo tempo, obstáculos insuperáveis para que sejam documentadas a intolerância, a discriminação, a marginação e a exclusão em que vivem as pessoas transgêneras" (LANZ, 2014, p. 142). Estes são os corpos que estão em um processo de desumanização, quando não reconhecidos enquanto sujeitos, ficam passíveis de morte.

E qual é o desafio de quem não é reconhecido como vida? Aparecer. Quanto mais o sujeito aparece, mais chance de ele sobreviver. Não se morre na aparição, pois ela é a condição para o reconhecimento de vida.[12] Portanto, é somente através da luta contra o binarismo de gênero enquanto mecanismo de separação, hierarquização e opressão que seria possível assegurar uma maior visibilidade social para que

---

[10] A atualização desses dados pode ser acessada no site https://tgeu.org/tmm-update-trans-day-of-remembrance-2019/.

[11] No dia Internacional da Lembrança Trans (*International Trans Day of Remembrance*), que acontece no dia 20 de novembro, a equipe *Transrespect versus Transphobia Worldwide* publicou o *ranking* dos países que mais matam pessoas trans* no mundo. Os dados foram retirados do site TGEU, disponível em: https://tgeu.org/tmm-update-trans-day-of-remembrance-2019/330/. Acesso em: 5 jan. 2020.

[12] É essa cena do reconhecimento, em que o sujeito precisa produzir uma narrativa de si, em que ele precisa dizer quem ele é, esse é o momento em que se constitui a ideia de público, pois nessa cena do reconhecimento, se tem um sujeito que emerge de uma relação (social) e se tem um sujeito que só existe enquanto alguém que é visto por alguém (ou seja, ele só existe em aparição). E em nome da existência do sujeito, em nome do público, é preciso, então, decidir critérios para selecionar quem se deve manter vivo para garantir a vida do sujeito e quem deve morrer. O tempo todo fazemos parte de uma relação e o tempo todo tentamos ser vistos através da aparição.

as pessoas transgênero pudessem se expressar livremente como realmente são.

No Brasil, ainda não há consenso sobre a expressão transgênero.[13] Há quem considere transgênero como uma categoria à parte das pessoas travestis e transexuais. Contudo, vale ressaltar que, ao transgredir o dispositivo binário de gênero, a transgeneridade torna-se um fenômeno caracterizado por uma multiplicidade de expressões de identidade e comportamentos, isto é, "não existe somente uma e apenas uma manifestação sociocultural que possa ser chamada de 'expressão transgênero', mas um número praticamente infinito de manifestações que podem ser classificados dessa forma" (LANZ, 2014, p. 76). A seguir, serão analisadas algumas das diversas manifestações de identidades gênero-divergentes que fazem parte do fenômeno transgênero.

Transexual é aquela pessoa que não se identifica com a identidade que lhe foi atribuída, mas com o gênero oposto àquele socialmente atribuído ao seu sexo biológico. Para Paulo Iotti Vecchiatti (2015, p. 281), a/o transexual possui "uma dissociação entre seu sexo físico e seu sexo psíquico, que geralmente não sente prazer na utilização do seu órgão sexual e que não deseja que as pessoas em geral saibam de sua condição transexual após a adequação de sua aparência a seu sexo psíquico".

Apesar da disforia de gênero, existem transexuais que não desejam realizar a cirurgia de transgenitalização, também conhecida como cirurgia da "mudança de sexo", por uma série de fatores, seja pelo medo da cirurgia, pela ausência de condições financeiras ou até mesmo pelo temor de não sentir o prazer com o novo órgão sexual construído cirurgicamente. Há ainda transexuais que simplesmente não sofrem aversão por seu órgão sexual, mas apenas não sentem o prazer genuíno durante a relação sexual.

Em síntese, ao contrário do que se costuma pensar, o que determina a identidade de gênero transexual é a forma como as pessoas se

---

[13] Para Djamila Ribeiro (2017, p. 83-84), "uma travesti negra pode não se sentir representada por um homem branco cis (ou seja, aquele que se identifica com o gênero de nascença), mas esse homem branco cis pode teorizar sobre a realidade das pessoas trans e travestis a partir do lugar que ele ocupa. Acreditamos que não pode haver essa desresponsabilização do sujeito do poder". Portanto, de nada adiantaria trazer neste estudo conceitos sobre transexualidade e travestilidade na perspectiva de autores cisgênero, pois não é uma realidade que eles ocupam, nem cabe à autora deste livro tentar conceituar o que está para além de sua vivência. É justamente por isso que tais conceitos foram retirados de falas e vivências de autores/as transgêneros (transexuais e travestis), pois "cada indivíduo é protagonista da sua própria história, da sua luta" (CERINO, 2020, online). É preciso dar voz para quem vive e sente a dor do preconceito.

identificam, e não um procedimento cirúrgico. Além disso, nenhum indivíduo deverá ser forçado a se submeter a procedimentos cirúrgicos ou terapia hormonal como requisito para o reconhecimento legal de sua identidade de gênero (BRASIL, 2018, p. 116). A partir do momento, por exemplo, em que a pessoa transexual receber acolhimento e respeito familiar sobre sua identidade, a probabilidade de se fazer uma cirurgia se torna menor (DIAS, 2014b, p. 17). Maria Berenice Dias afirma que:

> Ainda assim, toma hormônios, coloca silicone, se depila, enfim, corporifica em si o que considera como elementos do universo feminino ou masculino ao qual pertence. Ou seja, altera o corpo, mas com apoio familiar, respeito escolar e no ambiente de trabalho, seu descontentamento com a genitália não se manifesta tão amiúde como em países onde persiste uma discriminação mais intensa. Muitos transexuais, assim, vivem de acordo com o gênero que lhes identifica, mas mantêm sua genitália e se sentem bem com isso. (DIAS, 2014b, pp. 17-18)

Para a pesquisadora Berenice Bento:

> O que diferencia as performances das/os mulheres/homens biológicas/os das/os transexuais é a legitimidade que as normas de gênero conferem a cada uma delas, instaurando, a partir daí, uma disputa discursiva e uma produção incessante de discurso sobre a legitimidade de algumas existirem e de outras serem silenciadas e eliminadas. (BENTO, 2008, p. 48)

De início, esse silêncio e essa eliminação foram feitos através de insultos, violências físicas e mortes obsessivas. Em seguida, com o objetivo de legitimar o discurso das normas de gênero ao mesmo tempo que se permitia essa exclusão, as pessoas transexuais passaram a ser vistas pela sociedade como "doentes mentais".

No Brasil, o Conselho Federal de Medicina (CFM) estabeleceu, em sua Resolução nº 1.955, de 12.8.2010, designando que o transexual "é portador de desvio psicológico permanente de identidade sexual, com rejeição do fenótipo e tendência à automutilação e/ou autoextermínio". Além disso, tal resolução definiu critérios mínimos para a definição da transexualidade, quais sejam: (a) o desconforto com o sexo anatômico natural; (b) desejo expresso de eliminar os genitais, perder as características primárias e secundárias do próprio sexo e ganhar as do sexo oposto; (c) permanência desses distúrbios de forma contínua e consistente por, no mínimo, dois anos; (d) ausência de outros transtornos mentais.

Portanto, para que o indivíduo transexual possa ter acesso à cirurgia de transgenitalização, por exemplo, não basta ter a simples vontade de retirar os órgãos genitais, ele tem de, "por dois anos, demonstrar descontentamento com o seu corpo e alegar que isso lhe causa sofrimento para ser considerado transexual, seja verdade ou não" (DIAS, 2014, p. 15). Enquanto isso, quando uma pessoa tem câncer e precisa ser tratada, ela não necessita comprovar que o câncer a faz sofrer, ou quando uma menina cisgênero pretende colocar silicone, ela não precisa provar desconforto (DIAS, 2014b). Percebe-se aqui que essa demonstração expressa do desconforto e/ou descontentamento só é vista como elemento essencial de um suposto "diagnóstico"[14] da transexualidade, "em qualquer outra doença, o sofrimento pessoal não é alçado à condição de elemento essencial para sua caracterização e posterior acesso ao tratamento" (DIAS, 2014, p. 17).

Tudo mudou quando, em 9 de janeiro de 2020, o *Diário Oficial da União* publicou a Resolução nº 2.265, de 20.09.2019. Ao ser aprovada pelo Conselho Federal de Medicina, esta nova Resolução revoga a anteriormente citada (Resolução CFM nº 1.955/2010) e passa a dispor sobre "o cuidado específico à pessoa com incongruência de gênero ou transgênero". Essa nova Resolução objetiva ampliar o acesso ao atendimento desses indivíduos por profissionais médicos na rede pública ou privada e promover cuidado integral e multiprofissional de acolhimento, acompanhamento, atenção psicossocial, hormonoterapia e cirurgia de adequação sexual. Destaque em seu artigo 1º e seus respectivos parágrafos que trazem não só uma nova definição de transexual, como também conceitos de identidade de gênero e de travesti:

> Art. 1º Compreende-se por transgênero ou incongruência de gênero a não paridade entre a identidade de gênero e o sexo ao nascimento, incluindo-se neste grupo transexuais, travestis e outras expressões identitárias relacionadas à diversidade de gênero.
> §1º Considera -se identidade de gênero o reconhecimento de cada pessoa sobre seu próprio gênero.

---

[14] As aspas foram colocadas na palavra diagnóstico porque, apesar de ser considerada uma doença, a transexualidade deve parar de ser vista como uma. Não existe o transexualismo. A transexualidade é uma identidade de gênero e, portanto, deve ser respeitada como tal.

§2º Consideram-se homens transexuais aqueles nascidos com o sexo feminino que se identificam como homem.

§3º Consideram-se mulheres transexuais aquelas nascidas com o sexo masculino que se identificam como mulher.

§4º Considera-se travesti a pessoa que nasceu com um sexo, identifica-se e apresenta-se fenotipicamente no outro gênero, mas aceita sua genitália.

§5º Considera-se afirmação de gênero o procedimento terapêutico multidisciplinar para a pessoa que necessita adequar seu corpo à sua identidade de gênero por meio de hormonoterapia e/ou cirurgias. (CFM, 2020)

Berenice Bento descreve da melhor forma a identidade transexual no Brasil, com a tentativa de mostrar que transexualidade não é uma patologia, mas sim uma questão identitária:

> Em silêncio, as cicatrizes que marcam os corpos transexuais falam, gritam, desordenam a ordem naturalizada dos gêneros e dramatizam perguntas que fundamentam algumas teorias feministas: existem homens e mulheres de verdade? O corpo é o delimitador das fronteiras entre os gêneros? O natural é o real? Existe um ponto de fixação e delimitação entre o real e o fictício? Se a verdade está no corpo, os sujeitos que não se reconhecem em seus corpos generificados vivem uma mentira, estão fora da realidade? [...] As explicações para a emergência da experiência transexual devem ser buscadas nas articulações históricas e sociais que produzem os corpos-sexuados e que têm na heterossexualidade a matriz que confere inteligibilidade aos gêneros. Ao mesmo tempo, propõe que o suposto transexual verdadeiro, construído e universalizado pelo saber médico, esbarra em uma pluralidade de respostas para os conflitos entre corpo, sexualidade e identidade de gênero internas à experiência transexual. A desconstrução do transexual de verdade e a despatologização da experiência são os objetivos principais deste livro. (BENTO, 2006, p. 19-20)

No âmbito internacional, a Organização Mundial de Saúde (OMS) fez história, em maio de 2019, ao retirar a transexualidade da categoria de transtornos mentais, passando a classificá-la como "incongruência de gênero". Apesar de ter sido retirada de doenças mentais na nova versão da Classificação Internacional de Doenças (CID-11), a transexualidade continua dentro da categoria de condições relativas à saúde sexual, ou seja, para que a pessoa transexual deseje realizar a cirurgia de transgenitalização, ela precisa passar por um longo acompanhamento médico e ser considerada uma pessoa portadora de uma "incongruência de gênero". Apesar disso, não se pode negar que houve um grande avanço por parte da OMS a respeito do movimento de despatologização dessa identidade. A psicóloga Jéssica Mendes ressalta que:

> Essa reclassificação é um avanço, mostra o enfraquecimento da ideologia de patologização das identidades trans. Penso que tende sim a reverberar para desconstrução de preconceitos e estereótipos, que ainda hoje sustenta discursos LGBTIfóbicos e a própria violência contra esse público; e tende também a dar visibilidade para as pessoas trans, mostrando que elas estão no mundo todo, ocupando diversos espaços e que, lamentavelmente, ainda figuram esses indicadores preocupantes de violência, principalmente no Brasil. (DEFENSORIA PÚBLICA DO PARANÁ, 2018)

A identidade travesti é uma identidade de gênero-divergente tipicamente brasileira. Em outros países, as mulheres que se identificariam como travestis estão incluídas no termo de mulheres transexuais e, apesar de serem encontradas versões semelhantes de travestis em outros países latino-americanos, suas "características sociológicas e antropológicas fazem dela um produto cultural único, só existente no Brasil" (LANZ, 2015, p. 148).

Além disso, a maioria das travestis, independentemente da forma como se reconheçam, prefere ser tratada no feminino, considerando ofensivo serem referidas no masculino. Nesse sentido, entende-se que "são travestis as pessoas que vivenciam papéis de gênero feminino, mas não se reconhecem como homens ou como mulheres, mas como membros de um terceiro gênero ou de um não-gênero" (JESUS, 2012, p. 17).

Através das roupas, da maquiagem, do cabelo, dos trejeitos femininos, assim como dos medicamentos (hormônios femininos) e do uso de silicone no corpo, "as travestis afirmam que são mulheres dia e noite" (JAYME, 2004, p. 2). Don Kulick afirma que:

> O termo 'travesti' deriva do verbo 'transvestir', que pode ter o sentido de vestir roupas do sexo oposto (ou *cross-dress*, em inglês). Porém, as travestis não se caracterizam apenas por usar roupas de mulher. A principal característica das travestis de Salvador, e de todo o Brasil, é que elas adotam nomes femininos, roupas femininas, penteados e maquiagem femininos, pronomes de tratamento femininos, além de consumirem grande quantidade de hormônios femininos e pagarem para que outras travestis injetem até vinte litros de silicone industrial em seus corpos, com o objetivo de adquirir aparência física feminina,

com seios, quadris largos, coxas grossas e, o mais importante, bundas grandes. A despeito de todas essas transformações, muitas das quais irreversíveis, as travestis não se definem como mulheres. Isto é, apesar de viverem o tempo todo vestidas como mulher, referindo-se umas às outras por nomes femininos, e sofrendo dores atrozes para adquirir formas femininas, as travestis não desejam extrair o pênis e não pensam em 'ser' mulher. Elas não são transexuais. Ao contrário, afirmam elas, são homossexuais – homens que desejam outros homens ardentemente e que se modelam e se completam como objeto de desejo desses homens. (KULLICK, 2008, p. 21)

Importa destacar que, apesar de derivar do verbo "transvestir", a travesti não é alguém que se transveste ou traveste de algo, não é um personagem, mas sim uma identidade feminina, uma identidade política.

Definindo, de maneira geral, "a travesti é qualquer pessoa que se apresenta socialmente usando roupas e adereços culturalmente definidos como de uso próprio do sexo oposto" (LANZ, 2015, p. 338). Além disso, esse termo deve ser utilizado apenas por pessoas que foram designadas homens ao nascer, pois não tem sentido falar em travesti feminino para masculino já que, na sociedade contemporânea, a mulher, ao usar qualquer traje ou calçado masculino e até mesmo ter um cabelo muito curto, não teria o risco de ser rotulada como alguém que estaria se transvestindo. Ao contrário do homem, em que a travestilidade transparece com bastante facilidade. Como diz Gilles Lipovetsky:

> Da mesma maneira pela qual um traje está fora de moda, agrada ou desagrada por uma nuança mínima, assim também um simples detalhe basta para discriminar os sexos. Os exemplos são inúmeros: homens e mulheres usam calças, mas os cortes e muitas vezes as cores não são semelhantes, os sapatos não têm nada em comum, um chemisier de mulher se distingue facilmente de uma camisa de homem, as formas dos maiôs de banho são diferentes, assim como as das roupas de baixo, dos cintos, das bolsas, dos relógios, dos guarda-chuvas. Um pouco em toda parte, os artigos de moda reinscrevem, por intermédio dos pequenos "nadas", a linha divisória da aparência. É por isso que os cabelos curtos, as calças, paletós e botas não conseguiram de modo algum dessexualizar a mulher; são, antes, sempre adaptados à especificidade do feminino, reinterpretados em função da mulher e de sua diferença (LIPOVETSKY, 1989, p. 131 *apud* LANZ, 2015, p. 150)

Por causa da cultura ultramachista e conservadora, a travesti é vista, no Brasil, como alguém que esteja associada à baixa renda, à baixa escolaridade, ao comportamento escandaloso, ao vestuário erótico e, principalmente, à prostituição. Por mais que os movimentos sociais representativos e as próprias travestis tentem promover uma imagem socialmente aceita, a sociedade brasileira não consegue desvincular a identidade travesti do símbolo da prostituição ou de qualquer tipo de marginalização social. Assim, travesti é um termo tão marginalizado e tão estigmatizado que até hoje existem pessoas que acreditam que a palavra travesti é totalmente pejorativa. Nesse sentido, Letícia Pelúcio ressalta que:

> A prostituição é entendida de diversas formas pelas travestis: (1) como uma atividade desprestigiosa, com a qual só se envolveriam por necessidade, saindo dela assim que possível; (2) como uma forma de ascender socialmente e ter conquistas materiais e simbólicas; (3) como um trabalho, sendo, portanto, geradora de renda e criadora de um ambiente de sociabilidade. Essas não são posições estanques e definitivas, mas pontos de vista e percepções que se entrecruzam e dialogam. Como categoria espacial e simbólica – ligada à noite, à boemia, aos prazeres e à prostituição –, a rua seduz. Para Duda Guimarães – que atua na prestigiada avenida Indianópolis, em São Paulo, tradicional ponto de prostituição travesti –, "a esquina é o palco onde cada uma dá seu show". Na "avenida", categoria êmica para designar os espaços da prostituição rueira, elas testam o sucesso de seus esforços de transformação, "dando close" – exibindo-se e esnobando as outras –, fazem amizades, aprendem a ser travesti a partir das trocas de informações e da observação. Nos territórios da prostituição elas namoram, encontram e fazem amigas, compram roupas, aprendem técnicas corporais importantes, além, é claro, de ganhar seu "aqué". (PELÚCIO, 2005, p. 223)

Na sua grande maioria, as travestis (e transexuais) se encontram em estratos socioeconômicos na base da pirâmide social. Rejeição familiar, desprezo social, marginalização, exclusão do convívio na sociedade, dificuldades no acesso educacional, indisponibilidade de vagas no mercado de trabalho são alguns dos muitos desafios enfrentados por elas no Brasil. Em virtude disso, a prostituição urbana não se torna apenas o caminho mais fácil para a travesti, mas, na maioria das vezes, o único. Cerca de 90% dessas pessoas vivem da prostituição, por ser a única fonte de renda viável e ainda, apesar de também sofrerem algum tipo de preconceito, são mais aceitas do que trabalhando em qualquer outra profissão (MG2, 2018).

Nem todas as travestis se reconhecem enquanto mulheres, dentro da binariedade, mas sim enquanto travestis. "Ter uma identidade feminina não necessariamente está ligado ao fato de ser uma mulher. Ter uma identidade feminina significa ter pronomes femininos, se encontrar dentro da feminilidade, mas não necessariamente se reconhecer enquanto mulher dentro da binariedade" (DURSO, 2021).

Algumas travestis se reconhecem como mulheres, enquanto outras se reconhecem apenas como travestis. Algumas travestis se identificam apenas com o termo travesti e outras se identificam com os dois termos, tanto mulher transexual quanto travesti. E isto também vale para as mulheres transexuais, umas se identificam com um só termo e outras com os dois. Portanto, não se pode simplesmente ensinar às mulheres transexuais e às travestis o que seria cada uma dessas classificações, fazendo com que elas se adaptem de acordo com o que cada nomenclatura corresponderia. Isto causaria um verdadeiro desconforto e incômodo. A diferença entre elas está na forma como cada uma se vê, na forma como cada uma se sente contemplada, na forma como cada uma se denomina. Portanto, por ser uma questão vivencial e identitária de cada indivíduo, é preciso perguntar àquela pessoa como é que ela quer ser vista.

É importante destacar que, apesar de existir esta distinção conceitual entre as travestis e as mulheres transexuais, ela é apenas utilizada para que as pessoas cis possam compreender de um modo geral e superficial o que seria cada identidade. Portanto, esta diferença não deve, no caso concreto, ser aplicada.

Diferentemente das travestis, a maioria das pessoas *crossdressers* não são expulsas das famílias nem sofrem segregação da comunidade porque fazem parte de estratos sociais mais favorecidos. Destarte, o que separa a identidade *crossdresser* da identidade travesti é o simples fato de que a primeira está em um *status* socioeconômico mais elevado do que a segunda (LANZ, 2014, p. 173). Os *crossdressers* "têm satisfação emocional ou sexual momentânea em se vestirem como mulheres, diferentemente das travestis, que vivem integralmente de forma feminina" (JESUS, 2012, p. 18).

Ainda no universo transgênero, existe o subgrupo de *drag queens* e *drag kings*, que são artistas performáticos que se fantasiam exageradamente com intuito, geralmente, profissional artístico. Enquanto as *drag queens* são, mais comumente, homens que se vestem com roupas exageradas femininas, objetivando mostrar ao público a figura feminina de forma "caricatural", os *drag kings* são mulheres caracterizadas da imagem masculina de forma caricata. Tanto as *drag queens* quanto os *drag kings* são transformistas que vivenciam a transgressão do gênero como arte, diversão e entretenimento, não como identidade.

Lorelay Fox (nome artístico de Danilo Dabague), uma das *drag queens* mais conhecidas do Brasil, afirma que:

> Ser drag não é uma questão de gênero ou identidade, mas puramente artística. O fato de eu aparecer sem estar montada, fora da drag, é pra lembrar as pessoas de que é apenas meu uniforme de trabalho. As pessoas olham muito como se ela tivesse vida própria e não é assim; é a expressão de quem a criou, como a obra de todo artista. É importante levar em consideração o criador da drag. (PEREIRA, 2018)

Portanto, o ser *drag* está associado ao trabalho artístico, diante do qual há uma construção de um personagem performático de forma extravagante, caricata e luxuosa.

Dessa forma, pode-se dizer que transgênero é um termo que inclui não apenas transexuais e travestis, mas também *crossdressers, drag queens, drag kings,* andróginos, transformistas ou qualquer outra categoria de identidade entre as inúmeras identidades gênero-divergentes que existem na sociedade contemporânea.

CAPÍTULO 2

PROTEÇÃO INTEGRAL DAS CRIANÇAS E DOS ADOLESCENTES TRANSGÊNERO

2.1 Identidade trans* na infância e adolescência

A infância e adolescência são períodos marcados pelo início de descobertas, afirmação social e questões relativas ao gênero, "tendo como principal referência a maneira com a qual o corpo se apresenta à sociedade e aos padrões comportamentais, estabelecidos aos meninos e meninas" (BRAGA; DELL'AGLIO; 2013; CAMPOS, 2011 *apud* NASCIMENTO, 2019, p. 24). Assim, para compreender a importância do estudo da transexualidade e travestilidade na infância e na adolescência, faz-se necessário distinguir essas duas etapas do desenvolvimento humano.

A infância, tal qual conhecida atualmente, é uma invenção da modernidade. Até o século XVII, as crianças eram vistas como adultos em miniatura, não vivenciavam vínculos afetivos como os que existem atualmente e, por isso, trabalhavam nos mesmos locais, usavam as mesmas roupas, eram tratadas da mesma forma que o adulto. Foi no fim desse século que o conceito de infância começou a mudar, em decorrência da família no processo de escolarização, das descobertas sobre as práticas higienistas, que aumentaram a expectativa de vida.

Num primeiro momento ocorreu a chamada "paparicação", em que criança começou a ser tratada como um pequeno brinquedo ou animal de estimação usado para entreter os pais (ARIÈS, 1998, p. 52). Em seguida, esse sentimento superficial foi substituído por um sentimento mais profundo, pois se iniciava um processo de privatização da vida familiar, em que a família passava a se envolver em um espaço mais restrito, aumentando o convívio entre pais e filhos. Em virtude dessa aproximação, os pais começaram a se preocupar com a educação, com a saúde, com a carreira de seus filhos. Segundo Buckingham, "a introdução da educação compulsória no final do século XIX foi um dos principais fatores a separar as crianças dos adultos e, nesse sentido, um dos grandes pré-requisitos da concepção moderna de infância" (BUCKINGHAM, 2000, p. 67 *apud* CAPPARELLI; ALBUQUERQUE, [s.d.]). Assim, é só na Idade Moderna que as crianças passaram a ser vistas como um ser social, assumindo um papel central nas relações familiares e na sociedade.

A adolescência, por sua vez, é o período de transição entre a infância e a vida adulta, caracterizado por grandes transformações físicas, psicológicas, emocionais, sexuais e sociais, que começam através das mudanças corporais da puberdade, "período da adolescência que se caracteriza por transformações anatômicas e fisiológicas, incluindo crescimento, desenvolvimento e maturação sexual" (FERNANDES; SOUZA; MARINHO, 2017, p. 600).

Valendo-se de um recorte etário, a infância pode ser definida como o período de crescimento que vai desde o nascimento até a puberdade, ou seja, de zero aos 11 anos. Há, ainda, uma subdivisão: a primeira infância, que vai de zero aos seis anos, uma fase ainda mais intensa de desenvolvimento. No caso da adolescência, a OMS a define como o intervalo compreendido entre os 10 e os 19 anos de idade, sendo ela dividida em: pré-adolescência, dos dez aos 14 anos; adolescência, dos 15 aos 19 anos completos.[15]

No Brasil, discute-se até hoje quem deve ser considerado como criança, existindo três correntes: o ser humano até sete anos; o ser humano até 11 anos; e o ser humano até 13 anos. A primeira se baseia no amadurecimento indicado pelos critérios psicológicos, que aponta os sete anos como o estágio final da primeira infância. A segunda corrente fundamenta-se no Estatuto da Criança e do Adolescente (ECA) – Lei nº 8.069, de 1990, que adota o critério cronológico absoluto, considerando como criança a pessoa até 12 anos de idade incompletos, e define como adolescente aquela entre a faixa etária de 12 a 18 anos de idade. Ambos são reconhecidos como sujeitos de direitos e pessoas em

---

[15] A OMS ainda aceita um outro estágio, a juventude, que vai dos 15 aos 25 anos, englobando o período intermediário e final da adolescência e o período inicial da vida adulta.

condição de desenvolvimento. A terceira corrente baseia-se na idade para o consentimento sexual, que se dá aos 14 anos, de acordo com o art. 217-A do Código Penal Brasileiro.

Segundo Kessler e Mckenna (1985, p. 96), as crianças conseguem desenvolver as noções de gênero ao longo do tempo. Desta maneira, não se pode negar que, durante diversos momentos da História da Humanidade, houve a existência de crianças que rompiam com os papéis tradicionais de gênero impostos pela sociedade, identificando-se com o sexo biológico oposto ao do nascimento. Em caráter exemplificativo, além do caso de Germain/Marie Garnier (já mencionado na subseção 1.1), há o de Tammy Lobel, nascido Thomas Lobel, que iniciou o processo de transgenitalização aos oito anos de idade, e o da cantora Kim Petras, que deu início à mudança corporal aos 10 anos de idade, realizando a cirurgia aos 16 anos. Portanto, trata-se de crianças que, desde a primeira infância, demonstram um extremo desconforto com as características do seu sexo biológico, querendo ser vistas de acordo com o gênero que desejam ter.

Responsável por dirigir o *TransYouth Project*, a psicóloga norte-americana Kristina Olson afirma que:

> Muitas crianças apenas gostam das roupas e dos brinquedos que não aqueles que nossa cultura aponta como os mais adequados para seu gênero. Isso não tem nada a ver com querer mudar de sexo. Essas coisas isoladamente não atestam que a criança seja transgênero. Às vezes, ela pode estar só querendo brincar de ser um personagem de um desenho animado da TV. Quanto a querer mudar de nome, isso, por si só, também não significa nada. Nem toda criança sabe que existe a possibilidade de mudar de nome. Nada isoladamente é indício de transgeneridade. O que caracteriza essa situação é a combinação de todos os sinais e sua repetição ao longo do tempo. (OLSON *apud* BARROS, 2017)

Na primeira infância, "a não conformidade de gênero é tolerada, mas por volta dos sete anos, as crianças são forçadas a assumir estereótipos de gênero" (SOLOMON, 2013, p. 485). Desta maneira, faz-se necessário distinguir o que se entende por uma simples brincadeira daquilo que se torna um comportamento constante. Por comportamento constante, entendem-se a insistência e persistência da criança em afirmar a sua identidade, através de atitudes que se repetem ao longo do tempo. Não basta simplesmente uma criança querer pertencer ao sexo oposto no carnaval ou quando brinca com brinquedos socialmente aceitos pelo sexo oposto, mas sim quando ela fala sobre o assunto diversas vezes. A médica Johanna Olson-Kennedy aponta que as crianças que persistem em sua identidade transgênero têm atitudes como:

> Elas dizem que SÃO de outro gênero, ao invés de dizerem que gostariam de ser de outro gênero.
> Elas ficam muito perturbadas por seu gênero de nascimento. Essas são as crianças que tentam cortar partes do corpo com cortadores de unha, fio dental, ou tesouras. São as crianças que tomam banho de roupa. Elas sofrem com ferimentos causados a si mesmas e pensamentos suicidas, porque viver e não se sentir autêntico é muito, muito ruim para elas.
> Roupas de banho e roupas íntimas são uma grande diferença entre as crianças que só querem se vestir com as roupas de outro gênero e as crianças que nos dizem que realmente SÃO de outro gênero. É muito comum que crianças transgênero peçam para usar roupas íntimas de acordo com o gênero com que se identificam.
> Quando se pergunta para essas crianças como elas se enxergam quando crescerem, a resposta vem num gênero diferente daquele com que nasceram. (OLSON, 2015 *apud* LODI; VERDADE, 2017, p. 17)[16]

Se a criança realmente for trans*, não poderão os pais ser violentos com ela, nem censurá-la. Além disso, qualquer grande decisão que a família for tomar ocorrerá apenas depois de a identidade transgênero ter sido demonstrada por vários meses ou por vários anos de forma insistente e consistente. Desta forma, caso haja a persistência da criança com a identificação do gênero oposto ao do nascimento, discute-se primeiramente a sua vida fora de casa, através da mudança do vestuário, por exemplo. Mas quando há o início da puberdade, discute-se o adiamento desta identidade transgênero por meio do uso de bloqueadores, tratando-se, assim, de um processo demorado.

A título ilustrativo, destaca-se um acontecimento no Brasil em que os pais de uma criança notaram a sua aversão ao sexo biológico quando ela tinha apenas três anos de idade, pois ela os surpreendeu ao tentar cortar o próprio órgão genital. Quando completou quatro anos, a criança começou a ser acompanhada por especialistas (psicólogos e psiquiatras); no começo, ela só poderia se vestir de acordo com

---

[16] Para palestra dada pela Dra. Olson na *14a. Gender Odyssey Conference* (conferência internacional que discute os interesses de pessoas transgênero e fora da conformidade de gênero), *vide* a matéria por Marcio Caparica no site da UOL, 20/10/2015. Disponível em http://ladobi.uol.com.br/2015/10/duvidas-criancas-transgenero. Acesso em: 07 dez. 2019.

o gênero com que se identificava dentro de casa, mas isto a estava deixando triste, pois teria de ir à escola com as vestimentas segundo seu sexo biológico. A partir deste momento, os pais começaram a deixá-la se vestir do jeito que ela se sentia melhor, tanto dentro quanto fora de casa. Contudo, mesmo usando as vestimentas do sexo oposto, a criança continuava tendo os seus documentos sempre se referindo ao sexo biológico do nascimento, gerando, portanto, alguns constrangimentos para a família. Em 2016, quando a criança já estava com nove anos de idade, os seus pais entraram com uma ação judicial, cuja decisão lhe concedeu o direito de alterar o nome e o gênero nos seus documentos para evitar os incômodos.[17] Embora a sentença se mostre plenamente aceitável do ponto de vista jurídico quanto à sua fundamentação, não há o que se falar em alteração de documentos apenas para evitar constrangimentos, mas sim para permitir que aquela criança seja vista pela sociedade da forma que ela vê a si própria.

Quando a criança descobre que pertence ao gênero oposto àquele descrito em sua certidão de nascimento, isso pode acarretar um sofrimento inimaginável, especialmente quando ela tem de seguir uma conduta estabelecida pela sociedade cis-heteronormativa, vivendo, portanto, algo que não escolheu pelo resto de sua vida. Um dos sentimentos iniciais mais comuns sobre essas descobertas seria de que "Deus cometeu um erro", indicando que algumas crianças trans* começam a internalizar a percepção de que elas são o problema, de que há algo errado com elas, embora, neste momento, Deus pareça ser o culpado. Em adolescentes transgênero, a fase da puberdade se torna mais complexa, pois é nela que começa o desenvolvimento das características sexuais secundárias, como alterações da voz, desenvolvimento de pelos faciais e mamas, compleições físicas etc. Esse fato pode intensificar ainda mais o sofrimento desses adolescentes, pois existe uma maior possibilidade de surgirem diversas dificuldades emocionais diante dos padrões estabelecidos pela sociedade.

Por não se enquadrar nos ideais cis-heteronormativos, as crianças e adolescentes trans* são vistos como corpos abjetos (*vide* subseção 1.2) pela sociedade, ou seja, vidas que não valem a pena ser protegidas,

---

[17] Para o relato mais detalhado sobre esse acontecimento: ARÁUJO, Pollyana. 'Não aceitava vestir roupa de menino', diz mãe de criança que trocara o nome. G1 Mato Grosso, 04/02/2016. Disponível em: http://g1.globo.com/mato-grosso/noticia/2016/02/tentou-cortar-o-penis-aos-3-anos-diz-mae-de-menino-que-trocara-de-nome.html. Acesso em: 08 dez. 2019.

e, em virtude disso, eles passam a ser expostos à exclusão social e a diferentes formas de violência com grande frequência. Destarte, a não aceitação das pessoas cisgênero, seja no âmbito familiar ou social, assim como as experiências de supressão, isolamento, dúvida e frustração, impedem o crescimento e desenvolvimento pessoal e social da criança e do adolescente, o seu bem-estar, o seu conforto e a sua segurança. Sendo assim, as crianças e os adolescentes trans* que são rejeitados por suas famílias têm maior probabilidade de obter resultados bastante baixos nas disciplinas escolares, deixar a escola mais cedo, desenvolver depressão, usar drogas ilegais, contrair HIV e outras doenças sexualmente transmissíveis, sofrer problemas de saúde mental no início da fase adulta, além de serem mais propensos à autodestruição ou tentativa de suicídio.

Um estudo do Hospital Infantil de Cincinnati feito em 2016 mostra que 30% dos adolescentes transgênero relatam ter tentado suicídio pelo menos uma vez, e 42% têm histórico de automutilação. Os estudiosos ainda constataram que quase 63% dos adolescentes sofreram *bullying*, 23,1% tiveram um histórico de suspensão ou expulsão escolar, 19,3% envolveram-se em brigas físicas e 17,1% repetiram o ano.[18]

A violência de gênero nas escolas é uma realidade assustadora que atinge as mais diversas crianças que não se enquadram no padrão do binarismo de gênero preestabelecido pela sociedade. Ela ocorre desde o preconceito velado à agressão verbal, física e sexual, por meio dos alunos, dos professores e dos funcionários; da exclusão social ao silenciamento de agressões verbais e físicas por parte dessas pessoas; do desrespeito ao nome social e ao uso do banheiro de acordo com o gênero à falta do próprio reconhecimento das identidades de gênero e das pessoas transgênero. Há um estímulo do *bullying*, além da coisificação e o não acolhimento dessas crianças. Logo, ao invés de a escola ser um ambiente de socialização, de educação, de igualdade e de inclusão para esses alunos, passa a ser considerada um ambiente hostil e psicologicamente perturbador, podendo gerar danos irreversíveis para as crianças e os adolescentes transgênero.

A omissão em relação às violências cometidas contra as crianças trans* nos espaços educacionais prejudica o acesso à educação e impede

---

[18] O estudo pode ser acessado no site do Hospital Infantil de Cincinnati, disponível em: https://www.cincinnatichildrens.org/news/release/2016/self-harm-transgender-youth. Acesso em: 15 dez. 2019.

a formação profissional destes indivíduos, que passam a apresentar dificuldades de aprendizagem e concentração, começam a ter perda da autoestima e da autoconfiança, a expressar sentimentos de culpa e vergonha, podendo desenvolver doenças mentais como a ansiedade e a depressão e, em alguns casos, são levados à tentativa de suicídio.

Apesar de a Constituição Federal, em seu artigo 205, assegurar a educação como direito de todos, é possível perceber que os alunos transexuais têm mais dificuldade de permanecer na escola por serem vítimas constantes de preconceito. Desta maneira, os docentes têm, nesse processo, papel fundamental para fazer da escola um espaço democrático, multicultural, de pluralidade de vivência, devendo eles propor diálogos que estimulem as interculturalidades contrapondo-se aos contextos que negam as travestilidades e transexualidade como mais um modo de existir. Além disso, é preciso que sejam criadas propostas político-pedagógicas para que se possa minimizar, ou até mesmo acabar, com a transfobia no ambiente escolar. Entre elas estão a produção e reprodução de materiais educativos e informativos sobre os temas que abordem combate a qualquer forma de violência ou preconceito contra as pessoas LGBT+. Vale ressaltar que o dever de educar, conferido aos docentes e aos pais, não se restringe apenas a um conteúdo meramente didático, devendo ser incluídas questões sociais pertinentes para o desenvolvimento da cidadania desses jovens.

O enfrentamento da transfobia é uma ação que precisa ser realizada junto com a família e toda a comunidade escolar. A gestão e a equipe escolar devem estar preparadas para promover debates com a comunidade, desconstruindo os preconceitos e posicionando-se para a defesa e proteção das crianças e adolescentes transexuais. É imprescindível envolver os/as responsáveis, inclusive os que são resistentes a esse debate, com o objetivo de se estabelecer um diálogo aberto e construtivo que estimule o respeito às crenças e visões de si próprio e do mundo.

Quando há a aceitação por parte da família e com o apoio dos professores, esse momento se torna mais suportável. O apoio familiar, o diálogo e a ajuda psicológica são aspectos fundamentais para o bem-estar pessoal e social na vida de uma criança ou adolescente transgênero. Assim, quanto mais cedo a sociedade permitir que as crianças expressem o gênero a que elas acreditam pertencer, mais felizes, menos ansiosas e mais ajustadas socialmente elas ficam.

Enquanto na infância existe a possibilidade de fazer a transição social, na adolescência há a hormonoterapia, que é uma intervenção médica de caráter reversível indicada para pessoas transgênero. Já a transição social é revelada quando há a mudança de nome, de pronomes e de visual.

A transição de papéis de gênero permite que a criança possa explorar uma vivência em outro papel de gênero, sem que esteja em uma situação irreversível. Para a maioria das crianças e adolescentes trans*, essa mudança social proporciona um grande alívio, permitindo-lhes se desenvolver social e emocionalmente sem a necessidade de medicação precoce. Portanto, os pais que não permitem que seus filhas/os pequenas/os façam uma transição precisam de um aconselhamento de profissionais de saúde mental para que possam "ajudá-los a satisfazer as necessidades de seus filhos ou filhas de uma maneira sensível e cuidadosa, garantindo que a criança tenha amplas oportunidades de explorar sentimentos e comportamentos de gênero em um ambiente seguro" (WAPTH, 2012, p. 19). É preciso que haja o apoio no uso de pronomes ou na manutenção de um ambiente seguro, por exemplo, para que a criança possa ter uma experiência positiva. Além disso, é importante que as mães e os pais informem à criança, de forma explícita, que ela pode mudar de ideia a qualquer momento sem, contudo, constrangê-la.

Quando utilizados antes da maioridade, os hormônios funcionam como bloqueadores da puberdade, fornecendo ao adolescente tempo para explorar a sua identidade de gênero e participar do processo de terapia de saúde mental sem ser consumido pela angústia resultante das características físicas sexuais secundárias. Para a Associação Mundial Profissional para a Saúde do Transgênero (World Professional Association for Transgender Health – WPATH):

> Duas metas justificam a intervenção com hormônios de supressão da puberdade: (i) o seu uso dá ao/à adolescente mais tempo para explorar sua variabilidade de gênero e outras questões de desenvolvimento; e (ii) a sua utilização pode facilitar a transição, impedindo o desenvolvimento de características sexuais que são difíceis ou impossíveis de reverter se o/a adolescente continua com a redesignação de sexo. (WPATH, 2012, p. 21)

O psiquiatra Alexandre Saadeh, em entrevista, ainda explica que:

> O bloqueio visa evitar situações de constrangimento. É dada uma substância que impedirá que o hipotálamo aja sobre a hipófise e desencadeie a puberdade. Ou seja, impedirá o desenvolvimento dos

hormônios sexuais. Tudo é acompanhado pela equipe de saúde mental e pediatras. (BLOWER, 2019, [s.p.])[19]

O uso desses bloqueadores deve ser iniciado quando o adolescente atinge, pelo menos, os estágios dois e três na escala de Tanner.[20] Enquanto no estágio dois há o surgimento de alguns pelos longos e pigmentados, aparecimento do botão mamário, aumento dos testículos e pigmentação do escroto, no estágio três há uma quantidade maior de pelos que escurecem gradativamente e ficam encaracolados, a mama e a aréola ficam maiores e há alongamento do pênis, ocorrendo o aumento dos testículos. Apesar de existirem crianças que atingem esses estágios em idades precoces, como, por exemplo, aos nove anos, o uso de bloqueadores neste estágio deve alcançar crianças com idade mínima de 12 anos (WAPTH, 2012, p. 20).

Somente aos 16 anos de idade e de preferência com o consentimento dos pais, o adolescente poderá começar a realizar o tratamento hormonal de forma progressiva para adquirir características físicas do sexo oposto. Esta fase envolve o uso de terapêutica hormonal com esteroides sexuais do sexo desejado e, segundo Daniela Dias (2012, p. 28), "o objetivo da terapêutica hormonal com testosterona ou estrogénios é a virilização ou feminização dos pacientes, para que estes adquiram um fenótipo semelhante ao do género desejado". Intervenções mais invasivas de caráter irreversível, como terapias hormonais cruzadas e cirurgias, não são aconselhadas às crianças e aos adolescentes, devendo ser feitas apenas após os 18 anos de idade.

---

[19] Além de psiquiatra, Alexandre Saadeh é coordenador do Ambulatório de Transtornos de Identidade de Gênero e Orientação Sexual do Instituto de Psiquiatria do Hospital das Clínicas (HC) em São Paulo. Para o relato mais detalhado sobre a entrevista: BLOWER, Ana Paula. Crianças e adolescentes transgênero fazem atendimento psicológico até a vida adulta. *O Globo*, 09 jun. 2019. Disponível em: https://oglobo.globo.com/sociedade/celina/criancas-adolescentes-transgenero-fazem-atendimento-psicologico-ate-vida-adulta-23727485. Acesso em: 15 dez. 2019.

[20] A escala de Tanner é uma avaliação da maturação sexual que se baseia na idade de aparecimento e evolução das características sexuais externas primárias e secundárias. O pediatra britânico James Tanner estudou e sistematizou a sequência dos eventos puberais em ambos os sexos, em cinco etapas, considerando, quanto ao sexo feminino, o desenvolvimento mamário e a distribuição e a quantidade de pelos pubianos; e, no masculino, o aspecto dos órgãos genitais e também a quantidade e a distribuição dos pelos. Para mais informações sobre a Escala de Tanner: RAMOS FILHO, Dionizio Mendes; LOPES Gustavo C.; JÚNIOR, Astrogildo V. Oliveira. Avaliação da maturação em crianças e jovens. 2013. Disponível em: http://revista.hupe.uerj.br/detalhe_artigo.asp?id=442. Acesso em: 15 dez. 2019.

Olson-Kennedy[21] afirma que nunca se registrou um caso em que uma criança tenha sido prejudicada por ter realizado a transição social e depois voltar atrás, o máximo que iria acontecer seria um constrangimento que, com o passar dos anos, se tornaria apenas história de vida. No caso do adolescente em tratamento hormonal, o bloqueio é suspenso e seu próprio organismo volta a produzir os hormônios, retomando seu curso genético. Do contrário, forçar uma criança ou um adolescente trans* a reprimir sua identidade de gênero e fingir ser quem não é trará graves consequências ao desenvolvimento físico e psíquico dela/e.

2.1.1 Doutrina da Proteção Integral

No ordenamento jurídico brasileiro, a doutrina de Proteção Integral da criança e do adolescente tem como marco de origem legal a atual Constituição Federal (CF). Ao ser promulgada em 1988, a Carta Magna afastou a doutrina até então vigente, da Situação Irregular,[22] e trouxe consigo a garantia da Proteção Integral para assegurar às crianças e adolescentes, com absoluta prioridade, um conjunto de direitos fundamentais. Assim, o constituinte dispõe que:

> Art. 227. É dever da família, da sociedade e do Estado assegurar à criança, ao adolescente e ao jovem, com absoluta prioridade, o direito à vida, à saúde, à alimentação, à educação, ao lazer, à profissionalização, à cultura, à dignidade, ao respeito, à liberdade e à convivência familiar e comunitária, além de colocá-los a salvo de toda forma de negligência, discriminação, exploração, violência, crueldade e opressão. (BRASIL, [2016], art. 227).

---

[21] Para a palestra dada pela Dra. Olson, *vide* a matéria por Marcio Caparica no site da UOL. Disponível em http://ladobi.uol.com.br/2015/10/duvidas-criancas-transgenero. Acesso em: 7 dez. 2019.

[22] No período marcado pela efetivação do Código de Menores de 1927, as crianças e adolescentes eram tratados como objetos de preocupação unicamente da família e nunca do Estado, só podendo este intervir nas relações sociais e domésticas que envolvessem menores abandonados pelos pais ou responsáveis, vítimas de maus-tratos ou quando fossem autores de atos infracionais. A intervenção estatal, portanto, só tinha um caráter repressivo, com o objetivo exclusivo de corrigir problemas. O Estado retirava a criança e o adolescente da situação em que se encontravam, seja em virtude do abandono ou da delinquência, afastando-os da sociedade e suas famílias e sendo, portanto, segregados em instituições, onde vivenciavam o desrespeito à dignidade da pessoa humana como forma de punição para seus comportamentos. Além disso, este Código de Menores era um instrumento que tinha como principal objetivo o controle e a punição de forma repressiva, não lhes assegurando, portanto, direitos básicos e necessários para a sua proteção.

Mais tarde, com o objetivo de atender às diretrizes da Constituição e regulamentar o sistema da Proteção Integral, foi promulgada, em 1990, a Lei nº 8.069/90, mais conhecida como Estatuto da Criança e do Adolescente (ECA). Nela, o artigo 227 previsto na Carta Magna foi reproduzido de forma mais detalhada, estendendo os meios essenciais para a efetivação e garantia de todos os direitos das crianças e dos adolescentes.

A referida doutrina teve seu crescimento primeiramente em âmbito internacional, em convenções e documentos na área da criança e do adolescente, entre os quais se destaca a Convenção Internacional dos Direitos da Criança de 1989, aprovada por unanimidade na Assembleia Geral das Nações Unidas e considerada o instrumento de Direitos Humanos mais aceito na história da humanidade. Ratificada por 196 países, ela estabeleceu um consenso quase global de que todas as crianças têm direito à proteção, à participação e ao desenvolvimento e fornecimento de material básico. Assim, essa Convenção, em seu art. 3º, 2 prevê que:

> Art. 3º, 2. Os Estados Partes se comprometem a assegurar à criança a proteção e o cuidado que sejam necessários para seu bem-estar, levando em consideração os direitos e deveres de seus pais, tutores ou outras pessoas responsáveis por ela perante a lei e, com essa finalidade, tomarão todas as medidas legislativas e administrativas adequadas. (UNCRC, 1989, art. 3, 2)

A ratificação da Convenção pelo Brasil em 24 de setembro de 1990, através do Decreto nº 99.710/90, representou o momento em que o direito da criança e do adolescente passou a seguir a doutrina de Proteção Integral pela legislação nacional. Para Tânia da Silva Pereira (2000, p. 31), esta Convenção "representa o mínimo que toda sociedade deve garantir às suas crianças, reconhecendo em um único documento as normas que os países signatários devem adotar e incorporar às suas leis".

De acordo com Liberati (1991, p. 15), a doutrina de Proteção Integral é integral por dois motivos: primeiro porque é assim que está previsto na própria Constituição Federal em seu art. 227, que determina e assegura os direitos fundamentais a todas as crianças e adolescentes, indistintamente; e, segundo, por se contrapor à teoria do direito tutelar do menor adotada pelo revogado Código de Menores, que considerava as crianças e adolescentes como objetos de medidas judiciais quando estavam em situação irregular. Assim, com a Constituição Federal de 1988 e o ECA, as crianças e adolescentes deixaram de ser percebidos como objeto de intervenção estatal e passaram a ser considerados sujeitos legítimos de direito, sendo colocados em posição de igualdade em relação aos adultos. Cury, Garrido e Marçura afirmam que

> A proteção integral tem como fundamento a concepção de que crianças e adolescentes são sujeitos de direitos, frente à família, à sociedade e ao Estado. Rompe com a ideia de que sejam simples objetos de intervenção no mundo adulto, colocando-os como titulares de direitos comuns a toda e qualquer pessoa, bem como de direitos especiais decorrentes da condição peculiar de pessoas em processo de desenvolvimento. (CURY; GARRIDO; MARÇURA, 2002, p. 21)

Portanto, graças a esta doutrina, são garantidos às crianças e aos adolescentes todos os direitos que se asseguram aos adultos e mais outros decorrentes do seu peculiar desenvolvimento, estes simbolizados "pela completa e indisponível tutela estatal para lhes afirmar a vida digna e próspera, ao menos durante a sua fase de desenvolvimento" (NUCCI, 2018, [s.p.]). É o que vem estabelecido expressamente no art. 3º do ECA:

> Art. 3º A criança e o adolescente gozam de todos os direitos fundamentais inerentes à pessoa humana, sem prejuízo da proteção integral de que trata esta Lei, assegurando-se-lhes, por lei ou por outros meios, todas as oportunidades e facilidades, a fim de lhes facultar o desenvolvimento físico, mental, moral, espiritual e social, em condições de liberdade e dignidade. (BRASIL, 1990, art. 3)

O reconhecimento enquanto sujeitos de direito traz a visão da criança e do adolescente como protagonistas de debates e de decisões que lhes dizem respeito, dotados de personalidade e vontade próprias, devendo ser ouvidos de acordo com suas características etárias e grau de desenvolvimento. Este protagonismo "parte do pressuposto de que estes sujeitos têm a competência para pensar, manifestar-se e agir, transcendendo os limites do seu entorno pessoal e familiar, influindo nos acontecimentos da sua comunidade" (SANTOS, 2016, [s.p.]).

Ao se tornar protagonista, a criança passa a ser "agente de seu próprio desenvolvimento, seja na escola, no núcleo familiar ou nos espaços públicos" (NEUROSABER, 2019). Nisso, ela começa a desenvolver autoconhecimento e autoestima, a fazer escolhas e ser proativa, a ter um maior senso de cidadania e pertencimento à sociedade e, sobretudo, a ter direito a se expressar e de escolher como se vestir, enfim de ser quem realmente ela é e de ver o outro com mais empatia e respeito (NEUROSABER, 2019).

Destaca-se que, quando se trata de situações subjetivas existenciais, esta aptidão da criança e do adolescente de decidir sobre os rumos de suas vidas independe da representação ou da assistência de seus pais ou de representantes legais.[23] Isto quer dizer que "(...) a autoridade parental deve ser um instrumento de garantia dos direitos fundamentais do menor, bem como uma forma de resguardar seu melhor interesse, tendo em vista que deve ser voltada exclusivamente para a promoção e desenvolvimento da personalidade do filho" (TEIXEIRA, 2009, p. 85 *apud* OLIVEIRA, 2017, [s.d.]). Portanto, para que haja a construção da personalidade e da autonomia da criança, os seus genitores e responsáveis têm o dever de guiá-la, assim como "de se respeitar o espaço dos filhos, à medida em que estes, através do processo educacional, adquiram gradativamente o discernimento necessário para a tomada de decisões relativas à sua própria vida" (MACHADO, 2013, p. 183 *apud* OLIVEIRA, 2017, [s.d.]). Assim, torna-se preciso que se busque um equilíbrio entre a autonomia dos filhos e os limites necessários à proteção deles.

Ana Carolina Brochado Teixeira explica que:

> Quando consideramos o menor em sua real dimensão, ou seja, como um ser ainda em formação, a criticada presunção de incapacidade ora vigente, quer seja total ou parcial, pode ser perfeitamente relativizada de acordo com o seu grau de discernimento. E, claro, como se trata de indivíduos em formação, o discernimento apurado pode ser suficiente para a prática de alguns atos e não para outros. Como, por exemplo, *ele pode ter maturidade e responsabilidade para praticar atos existenciais e compreender a gravidade e extensão de suas consequências, mas este mesmo discernimento pode não ser satisfatório para a realização de atos patrimoniais.* Evidencia-se, portanto, que nenhuma resposta pode ser dada sem a análise da situação fática (TEIXEIRA, 2010, p. 47, *apud* OLIVEIRA, 2017, grifo nosso).

---

[23] O Código Civil de 2002 determina, em seus artigos 3º e 4º, o regime das incapacidades, designando a existência da necessidade de representação ou assistência dos pais e responsáveis para a tomada de decisão. Representação: aos menores de 16 anos; e assistência: aos maiores de 16 anos e menores de 18 anos.

Por isso, devem a criança e o adolescente construir sua maturidade e discernimento durante sua fase de desenvolvimento, independentemente de representação quando se tratar de questões existenciais, para que possam "conseguir se realizar consigo mesmo, pois é através da busca do espaço de sua autonomia onde o discernimento se revela" (TEIXEIRA, 2010, p. 59, *apud* OLIVEIRA, 2017). Assim, à medida que vão criando discernimento, a criança e o adolescente tendem a participar cada vez mais das diretrizes de suas vidas, para que "passem de incapazes a adultos capazes de sustentar e realizar adequadamente sua função na sociedade" (COLUCCI, 2014, p. 29). Portanto, segundo a Lei nº 13.257/2016 (Estatuto da Primeira Infância):

> Art. 4º (...)
> Parágrafo único. A participação da criança na formulação das políticas e das ações que lhe dizem respeito tem o objetivo de *promover sua inclusão social como cidadã e dar-se-á de acordo com a especificidade de sua idade*, devendo ser realizada por profissionais qualificados em processos de escuta adequados às diferentes formas de expressão infantil. (BRASIL, 2016, grifo nosso)

Assim, até então as crianças e os adolescentes tinham direitos, contudo não podiam exercê-los devido à sua pouca inserção social, mas é a partir do texto constitucional e do ECA que elas se tornam protagonistas de suas próprias garantias fundamentais, detentoras de todos os direitos que os adultos têm e merecedoras de proteção especial, em razão de sua condição peculiar em desenvolvimento.

Insta salientar que esta condição peculiar de pessoa em desenvolvimento implica o reconhecimento de que a criança e o adolescente são indivíduos que não conhecem inteiramente os seus direitos, não têm condições de defendê-los, não sendo ainda plenamente capazes, principalmente as crianças, de suprir, por si só, as suas necessidades básicas. Portanto, elas necessitam de proteção diferenciada e de uma atenção especial pela sua vulnerabilidade, por serem pessoas ainda em fase de desenvolvimento da personalidade. De acordo com Martha Machado:

> (...) por se acharem na peculiar condição de pessoas humanas em desenvolvimento, crianças e adolescentes encontram-se em situação essencial de maior vulnerabilidade, ensejadora da outorga de regime especial de salvaguardas, que lhes permitam construir suas potencialidades humanas em sua plenitude. (MACHADO, 2002, p. 108-109)

Ademais, a doutrina de Proteção Integral é caracterizada pela sua amplitude de proteção, englobando, assim, todas as crianças e adolescentes, estejam eles incluídos ou não em situação de carência ou delinquência e sem qualquer forma de discriminação. Portanto, conforme a previsão constante do parágrafo único do artigo 3º do ECA:

> Art. 3º (...) Parágrafo único. Os direitos enunciados nesta Lei aplicam-se a todas as crianças e adolescentes, sem discriminação de nascimento, situação familiar, idade, sexo, raça, etnia ou cor, religião ou crença, deficiência, condição pessoal de desenvolvimento e aprendizagem, condição econômica, ambiente social, região e local de moradia ou outra condição que diferencie as pessoas, as famílias ou a comunidade em que vivem. (Incluído pela Lei nº 13.257, de 2016).[24] (BRASIL, 1990, art. 3º)

A doutrina de Proteção Integral declarou ser dever da família, da sociedade e do Estado assegurar, à criança e ao adolescente, com absoluta prioridade, a efetivação do direito à vida, à saúde, à alimentação, à educação, ao esporte, ao lazer, à profissionalização, à cultura, à dignidade, ao respeito, à liberdade e à convivência familiar e comunitária, além de colocá-los a salvo de toda forma de negligência, discriminação, exploração, violência, crueldade e opressão. Cada um desses agentes sociais tem a responsabilidade solidária de promover a proteção de todos os direitos assegurados em lei através de ações amplas, diversificadas e interdependentes.

Desta maneira, a família, a sociedade e o próprio Estado passaram a ter uma responsabilidade conjunta pela tutela dos direitos das crianças e adolescentes, conferindo a eles, de forma integral, todas as condições possíveis para que elas possam se desenvolver plenamente, e evitando-se, assim, qualquer forma de prejuízo em sua formação. Assim, o Estado não apenas tem o dever de reprimir as irregularidades, como também de preveni-las, através da execução de políticas públicas.

Entretanto, esses agentes sociais, que se encontrarem no papel de garantidores, são também agentes perpetradores de violências contra a criança e o adolescente, causando a violação de direitos delas dentro da residência familiar, nas ruas, nas escolas, em abrigos, em

---

[24] A Lei nº 13.257/2016, também conhecida como Estatuto da Primeira Infância, dispõe sobre as políticas públicas para a primeira infância, acrescentando diversos dispositivos ao Estatuto da Criança e do Adolescente. Em seu artigo 2º, o Estatuto esclarece que se considera primeira infância o período que abrange os primeiros 6 (seis) anos completos ou 72 (setenta e dois) meses de vida da criança.

instituições de privação de liberdade de adolescentes em conflito com a lei, entre outros.

Paulo Sérgio Pinheiro argumenta que a violência contra crianças e adolescentes inclui "todas as formas de violência física ou mental, abuso ou tratamento negligente, maus-tratos ou exploração, inclusive abuso sexual".[25] Exemplo de violência praticada pelo Estado contra a criança e o adolescente é aquela praticada pela polícia: quando as crianças e os adolescentes pobres e que vivem em situação de rua se tornam os principais alvos de maus-tratos, de tortura e até mesmo de abuso sexual. Já a violência familiar é caracterizada pelo abuso e negligência por parte dos pais, parentes ou responsáveis legais.

Assim sendo, o artigo 5º do ECA concretiza a necessidade de proteção da dignidade da pessoa humana quando em peculiar estado de desenvolvimento:

> Art. 5º Nenhuma criança ou adolescente será objeto de qualquer forma de negligência, discriminação, exploração, violência, crueldade e opressão, punido na forma da lei qualquer atentado, por ação ou omissão, aos seus direitos fundamentais. (BRASIL, 1990, art. 5º)

Considera-se negligência qualquer tipo de ação (descuido ou desleixo) que não atenda às necessidades básicas de alimentação, moradia, educação, saúde, lazer da criança e do adolescente por parte da família, da sociedade e do Estado. A discriminação, por sua vez, caracteriza-se por atos de diferenciação que estigmatizam as crianças e os adolescentes, seja em razão da raça, religião, *status* social ou mesmo orientação sexual e identidade de gênero. A exploração que acontece dentro da família ou no trabalho está ligada à intenção de tirar proveito desses indivíduos. A violência seria, logo, toda forma de constrangimento físico ou moral, tornando essas crianças e adolescentes o elo mais fraco das relações sociais, pois desde cedo são vítimas de maus-tratos pela família.

É de suma relevância destacar que quem negligencia, discrimina, explora e age com violência ou oprime a criança e o adolescente está violando os seus direitos fundamentais e, como tal, deve ser punido

---

[25] Esta definição de violência foi apresentada por Paulo Pinheiro no Relatório sobre o Estudo da Violência Contra a Criança, na 59ª Seção da Assembleia Geral das Nações Unidas, item 101 (promoção e proteção dos direitos da criança), em Nova Iorque, no dia 18 de outubro de 2004, sendo ela incluída no artigo 19 da Convenção sobre os Direitos da Criança. Disponível em: http://pfdc.pgr.mpf.mp.br/temas-de-atuacao/crianca-e-adolescente/castigos-fisicos-e-maus-tratos/relatorio-onu. Acesso em: 18 dez. 2019.

na forma da lei, mais especificamente conforme os termos do artigo supracitado, não excluída qualquer responsabilização civil ou penal prevista nos respectivos códigos.

Portanto, é dado um tratamento prioritário à criança e ao adolescente, que, por estarem em desenvolvimento, são pessoas que se encontram em maior fragilidade e vulnerabilidade e, por isso, merecem a proteção integral e solidária da família, da sociedade e do Estado, considerando que seus melhores interesses devem ter primazia e precisam ser preservados da melhor maneira possível.

Juntamente com a doutrina de Proteção Integral, há de se destacar também o princípio da prioridade absoluta previsto no art. 227 da CF, sendo este reiterado e destrinçado no art. 4º do ECA.

> Art. 4º É dever da família, da comunidade, da sociedade em geral e do poder público assegurar, com absoluta prioridade, a efetivação dos direitos referentes à vida, à saúde, à alimentação, à educação, ao esporte, ao lazer, à profissionalização, à cultura, à dignidade, ao respeito, à liberdade e à convivência familiar e comunitária.
> Parágrafo único. A garantia de prioridade compreende:
> a) primazia de receber proteção e socorro em quaisquer circunstâncias;
> b) precedência de atendimento nos serviços públicos ou de relevância pública;
> c) preferência na formulação e na execução das políticas sociais públicas;
> d) destinação privilegiada de recursos públicos nas áreas relacionadas com a proteção à infância e à juventude. (BRASIL, 1990, art. 4º)

A prioridade dada à criança e ao adolescente se faz em virtude da fragilidade com que se relacionam no meio social e da sua condição em desenvolvimento. Então, este princípio tem um objetivo bastante nítido: "realizar a proteção integral pautada na primazia dos interesses da criança, de forma a facilitar a concretização de todos os direitos fundamentais acolhidos ou admitidos pela Constituição de 1988 e no Estatuto" (LINS, 2017, p. 51).

De acordo com Andrea Rodrigues Amin (2008, p. 20), a prioridade absoluta "estabelece a primazia em favor das crianças e dos adolescentes em todas as esferas de interesses". Portanto, o interesse infantojuvenil deve prevalecer, não só no campo judicial, mas também extrajudicial, administrativo, social ou familiar e em todas as áreas de políticas públicas, jurídica, criminal, saúde, educação e lazer, não se admitindo qualquer forma de dúvida ou questionamento sobre o interesse a tutelar em primeiro lugar. Assim, todo e qualquer caso que envolva crianças e adolescentes terá preferência, devendo ser exercido de forma prioritária.

A seguir, serão destacadas algumas garantias que se encontram estabelecidas no supramencionado parágrafo único do art. 4º do ECA. A primeira diz respeito à "primazia de receber proteção e socorro em quaisquer circunstâncias" (BRASIL, 1990, art. 4º, parágrafo único, a). Em outras palavras, toda vez que ocorrerem situações de perigo, como casos de falta ou escassez de alimentos e de água, ou, ainda, hipóteses de acidente ou calamidade, e houver a possibilidade de opção de escolha entre crianças e adolescentes ou os adultos, aqueles devem ser protegidos e socorridos em primeiro lugar.

A segunda garantia consiste em dar "precedência de atendimento nos serviços públicos ou de relevância pública" (BRASIL, 1990, art. 4º, parágrafo único, b) às crianças e aos adolescentes. De um modo geral, os serviços públicos são aqueles prestados pela Administração Pública ou por seus delegados. Se algum serviço for prestado, ao mesmo tempo e no mesmo local, às crianças ou aos adolescentes e aos adultos, novamente, crianças e adolescentes devem ser atendidos primeiro.

A terceira garantia prevista expressamente pela lei é a "preferência na formulação e na execução das políticas sociais públicas" (BRASIL, 1990, art. 4º, parágrafo único, c). Trata-se de uma norma destinada ao legislador, tanto o federal quanto o estadual e municipal, para que atenda em primeiro lugar tudo o que envolver o bem-estar da criança e do adolescente. Quanto à execução das políticas públicas, cabe ação regulamentadora e controladora por parte dos órgãos do Poder Executivo na realização de serviços, dando sempre precedência aos cuidados com a infância e a adolescência.

Por fim, a quarta garantia de prioridade absoluta prevê a "destinação privilegiada de recursos públicos nas áreas relacionadas com a proteção à infância e à juventude" (BRASIL, 1990, art. 4º, parágrafo único, d). Este dispositivo legal impõe a todos os órgãos públicos competentes para legislar sobre a matéria, exercer controle ou prestar serviços de qualquer espécie para promoção dos interesses e direitos de crianças e adolescentes.

Insta salientar que esses mecanismos de garantia de prioridade absoluta, previstos no parágrafo único, consubstanciam um rol enunciativo. Portanto, eles representam o mínimo exigível de como se deverá dar efeito prático à determinação constitucional, deixando em aberto outras possibilidades que sejam admissíveis para a priorização dos interesses das crianças e dos adolescentes.

A Lei nº 13.257/2016, por exemplo, dispõe, em seu art. 4º, mais possibilidades de políticas públicas que buscam garantir a prioridade absoluta de crianças na fase da primeira infância (o período que abrange os primeiros seis anos completos de uma criança), quais sejam:

> 1) atendimento ao interesse superior da criança e à sua condição de sujeito de direitos e de cidadã; 2) inclusão da participação da criança na definição das ações que lhe digam respeito, em conformidade com suas características etárias e de desenvolvimento; 3) respeito à individualidade e aos ritmos de desenvolvimento das crianças e valorizar diversidade da infância brasileira, assim como as diferenças entre as crianças em seus contextos sociais e culturais; 4) redução das desigualdades no acesso aos bens e serviços que atendam aos direitos da criança na primeira infância, priorizando o investimento público na promoção da justiça social, da equidade e da inclusão sem discriminação da criança; 5) articulação das dimensões ética, humanista e política da criança cidadã com as evidências científicas e a prática profissional no atendimento da primeira infância; 6) adoção de uma abordagem participativa, envolvendo a sociedade, por meio de suas organizações representativas, os profissionais, os pais e as crianças, no aprimoramento da qualidade das ações e na garantia da oferta dos serviços; 7) articulação das ações setoriais com vistas ao atendimento integral e integrado; 8) descentralização das ações entre os entes da Federação; 9) promoção na formação da cultura de proteção e promoção da criança, com apoio dos meios de comunicação social. (BRASIL, 2016, art. 4º).

Além da prioridade absoluta, há o princípio do melhor interesse da criança. Maria Clara Sottomayor (2002, p. 197 *apud* LINS, 2017, p. 55) afirma que "o melhor interesse deve estar sempre aliado à proteção integral, pois assim estarão protegidos a criança e o adolescente, bem como todos os seus direitos, além de garantir-lhes as mesmas prerrogativas que cabem aos adultos".

Apesar de o princípio do melhor interesse não se encontrar de forma expressa na Constituição Federal, a sua existência no ordenamento jurídico brasileiro é constatada a partir da promulgação do Decreto nº 99.710/90, após a ratificação da Convenção Internacional dos Direitos da Criança, cujo artigo 3.1 estabelece que "todas as ações relativas às crianças, levadas a efeito por instituições públicas ou privadas de bem-estar social, tribunais, autoridades administrativas ou órgãos legislativos, devem considerar, primordialmente, o interesse maior da criança" (BRASIL, 1990, art. 3.1). Em razão do art. 5º, §3º da Constituição[26] e após a decisão do STF no RE nº 349.703-1,[27] este decreto tem *status* supralegal e está apto a revogar qualquer dispositivo do ECA em que entre em conflito, pois, havendo efetivamente conflito entre leis, segue a aplicação segundo a qual a norma posterior revoga a anterior.

Importa ressaltar que este princípio está expresso no ECA, em vários de seus dispositivos. A título exemplificativo e ratificando a relevância e aplicabilidade do princípio no ordenamento jurídico brasileiro, a Lei nº 12.010/09 acrescentou, entre os princípios que regem a aplicação das medidas de proteção, o "interesse superior da criança e do adolescente" (BRASIL, 1990, art. 100, parágrafo único, IV), constatando-se, assim, a existência expressa deste princípio no próprio Estatuto.

O melhor interesse da criança significa dizer que a criança e o adolescente devem ser preservados ao máximo, pois se encontram em situação de fragilidade em virtude de estarem em um processo de desenvolvimento e formação de personalidade, merecendo ter seus interesses tratados pela família, pela sociedade, pela comunidade e pelo Estado como prioridades.

Além do mais, por ser considerado um princípio inerente à doutrina de Proteção Integral, o melhor interesse da criança passa a ser visto como cláusula genérica que inspira os direitos fundamentais assegurados pela Constituição Federal às crianças e aos adolescentes. Desta maneira, qualquer decisão que envolva esses indivíduos deve sempre levar em conta o que é melhor e mais adequado para satisfazer suas necessidades e interesses, sobrepondo, até mesmo, aos interesses dos pais, em decorrência de sua condição de vulnerabilidade e de pessoa em formação. Assim, "zelar pelo interesse dos menores de idade é cuidar de sua boa formação moral, social, relacional e psíquica. É preservar

---

[26] Artigo 5º, §3º, CF: Os tratados e convenções internacionais sobre direitos humanos que forem aprovados, em cada Casa do Congresso Nacional, em dois turnos, por três quintos dos votos dos respectivos membros, serão equivalentes às emendas constitucionais.

[27] Com a decisão do Recurso Extraordinário nº 349.703-1, os tratados internacionais de direitos humanos (mesmo anteriores à Emenda Constitucional 45, mas quando não aprovados na forma do §3º do art. 5º da CF), passaram a ser tratados no ordenamento jurídico com *status* supralegal, ou seja, acima das leis e abaixo da Constituição. No entanto, é possível ainda dar a eles *status* de constitucionalidade, se votados pela mesma sistemática das emendas constitucionais pelo Congresso Nacional, ou seja: maioria de três quintos, em dois turnos de votação, conforme previsto no parágrafo 3º do artigo 5º da Constituição Federal.

sua saúde mental, estrutura emocional e convívio social." (PEREIRA, 2015, p. 589).

Sobre a autoridade parental como forma de garantir o melhor interesse da criança, Ana Carolina Brochado Teixeira explica que:

> (...) a autoridade parental deve ser um instrumento de garantia dos direitos fundamentais do menor, bem como uma forma de resguardar seu melhor interesse, tendo em vista que deve ser voltada exclusivamente para a promoção e desenvolvimento da personalidade do filho. (TEIXEIRA, 2009, p. 85)

Qualquer decisão que envolva a população infantojuvenil sempre deve considerar, primeiramente, o que seria o melhor e o mais adequado para satisfazer às necessidades das crianças e dos adolescentes, sobrepondo-se, até mesmo, aos interesses dos pais, objetivando, assim, a proteção integral de seus direitos fundamentais. Portanto, caso haja situações de conflitos, os interesses das crianças e dos adolescentes são priorizados em relação aos de outras pessoas ou instituições, ficando estes em segundo plano. Cita-se o caso do surgimento de litígio entre o direito à identidade de gênero da criança trans* e a não autorização dos pais para realizar a alteração do prenome e do sexo no registro civil. Neste momento, prevalece o melhor interesse da criança e do adolescente transgênero, pois essa negatória à alteração do prenome pode acarretar sérios prejuízos a esses indivíduos, impedindo o seu crescimento e desenvolvimento pessoal e social. Desta maneira, todos têm o direito de ser feliz e de ser quem desejam, assim, negar o direito de identidade de gênero é violar a dignidade dessas pessoas.

Nessa perspectiva e por ser um aspecto do desenvolvimento humano, é possível afirmar que a identidade de gênero constitui âmbito de proteção integral, não podendo servir como justificativa para a perpetração de violências e abusos contra crianças e adolescentes. Portanto, a identidade de gênero da criança e do adolescente não deve ser desconsiderada por seus representantes, pois representa seu direito fundamental à liberdade, plenamente tutelado pelo ordenamento jurídico.

Assim, tendo em vista a doutrina de Proteção Integral e os princípios de prioridade absoluta e do melhor interesse da criança, as crianças e os adolescentes transgênero merecem total e especial atenção, principalmente quanto às particularidades de seus gêneros, fazendo-se necessário buscar mecanismos que possam garantir a esses indivíduos soluções aptas a melhorar sua inserção social e o seu bem-estar pessoal.

CAPÍTULO 3

TUTELA MULTINÍVEL DO DIREITO À IDENTIDADE DE GÊNERO

3.1 Opinião Consultiva nº 24/2017 da Corte Interamericana de Direitos Humanos

O diálogo entre as Cortes Constitucionais é o elemento essencial para que haja a existência de um sistema jurídico multinível. Através dele são criados precedentes de defesa e efetivação de direitos, "culminando com o declínio do modelo tradicional de Estado-nação para a criação de uma nova forma de constitucionalismo capaz de atender às necessidades domésticas e internacionais de proteção e valorização da pessoa humana" (ANDRADE, 2017, p. 76). Portanto, através da tutela multinível, há uma evidência maior, a valorização do pluralismo, das diferenças e da diversidade cultural do Estado-nação, já que este, ao se limitar apenas ao exercício de sua atividade ordinária e à relação política institucional, muitas vezes não consegue fornecer um amparo integral e eficaz contra quaisquer violações aos direitos humanos.

A proteção jurídica multinível pode ser caracterizada como "o estudo das intervenções em prol da defesa de direitos feitas ao mesmo tempo na esfera nacional, comunitária e internacional tendo como norte a norma mais benéfica ao ser humano" (BONNA; LEAL, 2016, p. 100). Assim, esta concepção representa a ideia de que a influência das normas de proteção internacional, assim como a própria interpretação dos tribunais internacionais, pode ampliar a defesa de grupos que historicamente carecem de amparo dos direitos humanos nas relações privadas.

Desta maneira, para efetivar a responsabilidade do Estado por violações de direitos humanos, foram criados sistemas regionais (interamericano, europeu, africano) de proteção e globais, dirigidos pelas Nações Unidas. Nos Estados latino-americanos, por exemplo, além de serem representados por constituições e tribunais locais em âmbito nacional, há a proteção na esfera regional outorgada pelo Pacto de San José de Costa Rica e pelo Sistema Interamericano de Direitos Humanos (SIDH). Como o objetivo é a proteção da pessoa humana no plano internacional, há de se destacar que não há hierarquia entre os instrumentos e os sistemas de proteção, coexistindo estes harmonicamente para melhor beneficiar os indivíduos protegidos (BONNA; LEAL, 2016).

O SIDH tem como papel fundamental a concretização de direitos humanos na América através de julgamentos de quaisquer violações contra esses direitos, especialmente contra os direitos civis, políticos, econômicos, sociais e culturais. Este se iniciou formalmente com a aprovação da Declaração Americana de Direitos e Deveres do Homem na Nona Conferência Internacional Americana, realizada em Bogotá, em 1948, pois percebeu-se que, devido à confirmação das "violações de direitos humanos praticados pelos regimes nazifascistas, os ordenamentos jurídicos internos já não eram mais suficientes para assegurar o respeito aos direitos fundamentais dos indivíduos" (CARVALHO RAMOS, 2014, p. 56 *apud* FARIA, 2014, p. 8). Atualmente, o sistema é composto pela Comissão Interamericana de Direitos Humanos (Comissão IDH) e pela Corte Interamericana de Direitos Humanos (Corte IDH).

A Comissão IDH é o órgão principal e autônomo encarregado da promoção e proteção dos direitos humanos no continente americano. Sediado em Washington, capital dos Estados Unidos (EUA), este órgão tem por base dois tratados do Sistema Interamericano: a Carta da Organização dos Estados Americanos de 1948 (alterada em 1970); e a Convenção Americana de Direitos Humanos de 1969 (também conhecida como Pacto de San José de Costa Rica, em vigor desde 1978). Além disso, tem como função apreciar petições com denúncias ou queixas de violação a esses direitos, mas, quando não há solução pacífica, o caso é encaminhado à Corte IDH, que verificará a ocorrência de violação dos direitos humanos, assegurando a fruição desses direitos ao prejudicado. As sentenças que são proferidas pela Corte IDH obrigam os Estados-parte signatários, que ratificaram a Convenção Americana, a repararem o dano sofrido pelo reclamante, gerando, inclusive, o pagamento de indenizações.

A Corte IDH é um órgão judiciário autônomo, com sede localizada na cidade de San José, na Costa Rica, cuja função é a aplicação e interpretação dos dispositivos constantes na Convenção Americana de Direitos Humanos (CADH). Este órgão promoverá julgamentos, através de reclamações que estejam de acordo com o procedimento previsto na Convenção, e dará uma resposta conclusiva a fim de garantir a não violação dos direitos humanos pelos países membros do Pacto. Portanto, esta Corte possui duas grandes atribuições: a chamada função consultiva está relacionada à interpretação dos artigos da Convenção; e a denominada função jurisdicional se refere à solução de controvérsias apresentadas sobre os mesmos dispositivos.

Na função consultiva, prevista no artigo 64.1 da Convenção Americana de Direitos Humanos, todos os membros da Organização dos Estados Americanos (OEA) – parte ou não da Convenção – podem requerer um parecer da Corte no que concerne à interpretação da Convenção ou de outros tratados referentes à proteção dos direitos humanos nos Estados americanos. Além disso, a "Corte ainda pode opinar sobre a compatibilidade de preceitos da legislação doméstica em face dos instrumentos internacionais" (BUERGENTHAL, 2012, p. 139, trad. livre da autora).

Partindo desse preceito, no dia 18 de maio de 2016, o Estado da Costa Rica protocolou uma consulta perante a Corte IDH. Na solicitação, a Costa Rica questionou se a proteção prevista nos artigos 11.2, 18 e 24 da Convenção Americana de Direitos Humanos englobava também reconhecimento da mudança de nome das pessoas, de acordo com a identidade de gênero de cada uma. Além disso, indagou sobre a inconvencionalidade da lei civilista costarriquenha que obrigava a pessoa trans* a ingressar com uma ação judicial para poder alterar seu nome.

O artigo 11.2 da Convenção dispõe que "ninguém pode ser objeto de ingerências arbitrárias ou abusivas em sua vida privada, em sua família, em seu domicílio ou em sua correspondência, nem de ofensas ilegais à sua honra ou reputação" (OEA, 1969, [s.p.]). Já o artigo 18 prevê que "toda pessoa tem direito a um prenome e aos nomes de seus pais ou ao de um destes. A lei deve regular a forma de assegurar esse direito a todos, mediante nomes fictícios, se for necessário" (OEA, 1969). E, por fim, o artigo 24 do Pacto de San José de Costa Rica assegura que "todas as pessoas são iguais perante a lei. Por conseguinte, têm direito, sem discriminação alguma, à igual proteção da lei" (OEA, 1969). Em suma, estes artigos tratam, respectivamente, do direito à privacidade, ao nome e à igualdade. Deste modo, é questionado se a obrigatoriedade de se utilizar de um processo judicial, em vez de um simples processo administrativo, seria discriminatório em relação à pessoa que pretende alterar o seu nome em razão da sua identidade de gênero.

O Estado da Costa Rica apresentou as considerações que deram origem à sua solicitação e observou que "o reconhecimento dos direitos humanos derivados da orientação sexual e da identidade de gênero tem sido caracterizado como um processo diferente nos diferentes Estados membros do Sistema Interamericano" (CIDH, 2017, p. 4, trad. livre da autora). Analisou ainda que:

> É possível vislumbrar um amplo espectro de casos, desde países que reconhecem plenamente os direitos de lésbicas, gays, bissexuais, transgêneros e intersex, até aqueles Estados membros que, até hoje, mantêm leis proibitivas contra qualquer forma de experiência e expressão contrárias à heteronormatividade ou foram omitidas no reconhecimento dos direitos relacionados a essas populações. (…) Surgem dúvidas sobre o conteúdo de proibição de discriminação com base na orientação sexual e identidade de gênero ou, em outras palavras, persistem desafios para determinar se certas ações são encontradas cobertas por essa categoria de discriminação. (CIDH, 2017, p. 4, trad. livre da autora)

Finalmente, considerou-se necessário que o Tribunal fizesse o seu parecer a respeito da convencionalidade do artigo 54 do Código Civil da República da Costa Rica, que consiste em obrigar as pessoas que desejam mudar de nome por motivos de identidade de gênero a seguirem o procedimento de jurisdição voluntária. Sobre isso, a Costa Rica mencionou que "esse processo envolve despesas para o solicitante e implica uma espera atrasada (…), pelo que consulta se a aplicação dessa regra a casos em menção é contrária aos direitos do povo" (CIDH, 2017, p. 4, trad. livre da autora).

Em resposta, a Corte IDH emitiu a Opinião Consultiva 24, reconhecendo, primeiramente, a identidade de gênero como a experiência interna e individual de gênero de acordo com o que cada pessoa sente, podendo ou não corresponder ao sexo atribuído no nascimento. Nessa linha, para esta Corte, "o reconhecimento da identidade de gênero estaria necessariamente vinculado à ideia segundo a qual sexo e gênero devem ser percebidos como parte de uma construção de identidade que é o resultado da decisão livre e autônoma de cada pessoa, sem estar sujeito à sua genitalidade" (CIDH, 2017, p. 47, trad. livre

CAPÍTULO 3
TUTELA MULTINÍVEL DO DIREITO À IDENTIDADE DE GÊNERO | 73

da autora). Em seguida, a Corte entendeu que o reconhecimento do Estado em relação à identidade de gênero é de fundamental importância para garantir o pleno gozo dos direitos humanos das pessoas trans*, incluindo proteção contra violência, tortura, maus-tratos, direito à saúde, educação, emprego, moradia, acesso à segurança social, bem como o direito à liberdade de expressão e associação.

A Corte então conclui preliminarmente que:

> Sexo, gênero, bem como identidades, papéis e atributos construídos socialmente das diferenças biológicas derivadas do sexo atribuído ao nascimento, longe de constituírem componentes objetivos e imutáveis que individualizem a pessoa, por serem de natureza física ou biológica, acabam sendo traços que dependem da apreciação subjetiva de quem o segura e descansa em um construção da identidade de gênero autopercebida relacionada ao desenvolvimento da livre personalidade, autodeterminação sexual e direito à privacidade. (CIDH, 2017, p. 54, trad. livre da autora)

Seguindo a linha de perguntas colocadas no âmbito da Opinião Consultiva, a Corte, logo depois, abordou a relação entre o reconhecimento da identidade de gênero e do direito ao nome, bem como o reconhecimento da personalidade jurídica.

Foi dito que cada pessoa tem direito de definir livremente sua identidade sexual e de gênero, devendo ser garantido que tais definições de identidade estejam correspondentes aos registros e documentos de identificação e, na ausência de tal correspondência, a possibilidade de modificá-los. Ou seja, cada indivíduo tem a oportunidade de escolher livremente e mudar seu nome como achar melhor. Ademais, os Estados não só têm a obrigação de proteger o direito ao nome, mas também de providenciar medidas necessárias para facilitar o registro da pessoa. A falta do reconhecimento da mudança de nome de acordo com a identidade autopercebida implica que a pessoa perde total ou parcialmente a titularidade desses direitos e que, embora exista e possa ser encontrada em um determinado contexto social dentro do Estado, a sua própria existência não é legalmente reconhecida de acordo com um componente essencial de sua identidade, que é o seu nome. Em tais circunstâncias, também compromete o direito ao reconhecimento da personalidade.

Em virtude disso e devido ao controle de convencionalidade, a Corte concluiu que a mudança de nome, a adaptação da imagem, bem como a retificação à menção de sexo ou gênero, nos registros de nascimento e nos documentos de identidade, de modo que sejam consistentes com a identidade de gênero percebida por si mesmo, são direitos protegidos pelos artigos 3º (direito ao reconhecimento da personalidade jurídica), 7.1 (direito à liberdade), 11.2 (direito à vida privada) e 18 (direito ao nome) da CADH.

Quanto ao procedimento para solicitar a alteração dos dados de acordo com a identidade de gênero autopercebida, a Corte decidiu que primeiramente se deve focar na adaptação abrangente da identidade de gênero percebida por si mesma. Ou seja, além de permitir que a inscrição do primeiro nome seja alterada, o procedimento deve adaptar a imagem fotográfica e retificar o registro do gênero nos documentos de identidade e nos registros correspondentes que são relevantes para as partes interessadas exercerem seus direitos subjetivos.

Em segundo lugar, a Corte decidiu que a regulação e a implementação do procedimento da mudança do prenome e do gênero devem se basear apenas no consentimento livre e informado do requerente, sem exigir requisitos como certificações médicas e/ou psicológicas ou outras que possam ser irracionais ou patológicas. Segundo a Corte, a identidade. de gênero não se prova, por ser algo autopercebido, portanto a exigência de laudos viola o direito da liberdade e da autonomia moral da pessoa transgênero na definição de sua identidade.

Em terceiro e último lugar, os procedimentos, as alterações, as correções e os ajustes nos registros devem ser confidenciais e os documentos de identidade não devem refletir mudanças na identidade de gênero. O tribunal internacional também destacou que o procedimento mais adequado à alteração dos registros é aquele materialmente administrativo ou notarial. Isso não significa que um juiz esteja impedido de analisar um caso de modificação registral, mas sim que esse procedimento será materialmente administrativo, ou seja, não cabe à autoridade judicial verificar qualquer condição, exceto a vontade livre, para a readequação dos registros à identidade social do requerente. De forma alguma o procedimento administrativo ou a sentença judicial iriam constituir o gênero, sendo o papel do Estado aqui um mero exercício de reconhecimento da identidade de gênero autopercebida.

A identidade de gênero não é um conceito que deva ser associado metodicamente às transformações físicas do corpo. Mesmo que, em alguns casos, possa eventualmente envolver a modificação da aparência ou da função corporal através de tratamento médico ou intervenções cirúrgicas, a identidade de gênero cria espaço para a autoidentificação, ou seja, a experiência que uma pessoa tem de seu próprio gênero. Desta maneira, o procedimento para solicitar a mudança de nome, a adaptação da imagem e a retificação do sexo ou gênero, nos registros de nascimento e documentos de identidade, não poderá exigir a realização de intervenções cirúrgicas, de terapias totais, parciais ou hormonais, esterilizações ou modificações corporais para provar a identidade de gênero que motiva o referido procedimento, pois isto poderia ser contrário ao direito à integridade pessoal. Assim, a Corte concluiu que:

> Os Estados têm a possibilidade de estabelecer e decidir sobre o procedimento mais adequado de acordo com as características específicas para cada contexto e seu direito interno; os trâmites ou os procedimentos para a mudança de nome, adaptação da imagem e retificação da referência a sexo ou gênero, nos registros e nos documentos de identidade, devem ser consistentes com a identidade de gênero autopercebida, independentemente de sua natureza jurisdicional ou materialmente administrativa, devem atender aos requisitos apontados nesta opinião, a saber: a) devem estar focados na adequação integral da identidade de gênero percebida por si; b) devem basear-se apenas no consentimento livre e informado do requerente, sem exigir requisitos como certificações médicas e/ou psicológicos ou outros que possam ser irracionais ou patológicos; c) eles devem ser confidenciais. Além disso, alterações, correções ou ajustes nos registros e documentos de identidade não devem refletir mudanças de acordo com a identidade de gênero; d) devem ser ágeis e, na medida do possível, tenderão a libertar, e e) não devem exigir o credenciamento de operações cirúrgicas e/ou hormonais. Dado que o Tribunal observa que os procedimentos de natureza material administrativos ou notariais são aqueles que melhor se adaptam a esses requisitos, os Estados podem fornecer uma maneira paralela administrativa, que permite a eleição da pessoa. (CIDH, 2017, p. 70, trad. livre da autora)

Finalmente, em relação à regulamentação dos procedimentos de mudança de nome das crianças e adolescentes, a Corte IDH observou primeiro que as crianças e adolescentes são titulares dos mesmos direitos que os adultos, além de terem um *plus*, que seriam as medidas de proteção integral previstas no artigo 19 da Convenção Americana. Por causa do seu desenvolvimento físico e emocional, esses indivíduos exercem seus direitos progressivamente, à medida que desenvolvem um nível mais alto de autonomia pessoal.

Nesse sentido, quando se trata de proteção dos direitos de crianças e adolescentes e da adoção de medidas para alcançar a proteção integral, há quatro princípios previstos na Convenção sobre os Direitos da Criança, que devem ser efetivados em todos os sistemas de proteção abrangentes, quais sejam: o princípio da não discriminação, o princípio do melhor interesse da criança, o princípio do respeito ao direito à vida, à sobrevivência e ao desenvolvimento, e o princípio do respeito pela opinião da criança em qualquer procedimento que a afete, para que sua participação seja garantida.

É importante lembrar que a Corte mencionou a obrigação de respeitar plenamente o direito da criança e do adolescente de serem ouvidos em todas as decisões que afetem suas vidas. Este direito deverá ser levado em consideração para interpretar e fazer cumprir todos os outros direitos. O artigo 8º da Convenção sobre os Direitos da Criança estabelece, em seu primeiro parágrafo, que "os Estados Partes comprometem-se a respeitar o direito da criança de preservar sua identidade, inclusive a nacionalidade, o nome e as relações familiares, de acordo com a lei, sem interferências ilícitas" (BRASIL, 1990). Nestes casos, a Corte indicou que o direito à identidade estava intimamente ligado à pessoa em sua individualidade específica e vida privada, ou seja, toda pessoa tem direito de se autodeterminar e de escolher as opções e circunstâncias que dão significado para a sua existência.

De acordo com o exposto, a Corte entendeu que as considerações relacionadas ao direito à identidade de gênero são aplicáveis também às crianças e aos adolescentes que desejam o reconhecimento de sua identidade autopercebida nos registros de nascimento e nos documentos de identificação. No mesmo sentido, é pertinente lembrar que o Comitê dos Direitos da Criança declarou que "todos os adolescentes têm o direito de liberdade de expressão e o de respeito à sua integridade física e psicológica, sua identidade de gênero e sua autonomia emergente" (NACIONES UNIDAS, 2016, p. 34). Ainda, os princípios de Yogyakarta[28] estabelecem que "toda pessoa, não importando sua orientação sexual ou identidade de gênero, tem o direito de desfrutar plenamente todos os direitos humanos" (CIDH, 2006, p. 10).

A Corte citou a Lei nº 26.743, de 23 de maio de 2002, da Argentina, também conhecida como a Lei da Identidade de Gênero, cujo artigo 5º

---

[28] Esses princípios versam sobre a aplicação da legislação internacional sobre direitos humanos em relação à orientação sexual e à identidade de gênero.

se refere ao procedimento de retificação de registro para sexo, mudança de nome e imagem de crianças e adolescentes. A norma estabelece que a solicitação do processo deverá:

> ser efetuada através de seus representantes legais e com expresso consentimento do menor (de idade), levando em consideração os princípios de capacidade progressistas e do melhor interesse da criança, de acordo com o estipulado na Convenção sobre Direitos da Criança e na Lei (...) de proteção integral dos direitos da criança e do adolescente. (LEY 26.743, 2002, trad. livre da autora)

Nesse sentido, em conformidade com a obrigação de respeitar e garantir os direitos sem discriminação (artigos 1.1 e 24 da Convenção), todos os Estados-parte da OEA têm a obrigação de reconhecer, regular e estabelecer os procedimentos adequados para o alcance do reconhecimento da identidade de gênero. Há de se destacar que "embora o descumprimento ou inobservância de um parecer consultivo não acarrete de imediato o reconhecimento do descumprimento do direito internacional, tende a dar ensejo a uma responsabilização internacional em sede contenciosa em momento posterior" (CIDH, 2017, p. 12). Portanto, cabe aos Estados agirem de acordo com as opiniões consultivas para poderem demonstrar "seu comprometimento com a interpretação dada pela Corte sobre os tratados internacionais regionais interamericanos" (CIDH, 2017, p. 12). Caso contrário, os Estados-parte podem ser condenados ao pagamento de uma justa compensação à vítima, a representações e até mesmo a processos internacionais, medidas estas que buscam "eliminar todas as consequências de um ato ilegal e restabelecer a situação que existiria, com toda probabilidade, caso o citado ato não houvesse sido realizado" (RAMOS, 2005, p. 54 *apud* BONNA; LEAL, 2016, p. 98).

O parecer da Corte IDH constituiu importante precedente no sistema interamericano, abrindo caminho, por exemplo, para que o Supremo Tribunal Federal (STF), submetendo-se à jurisdição da Corte e exercendo o controle jurisdicional de convencionalidade,[29] julgasse a

---

[29] O controle de convencionalidade "identifica-se com a obrigação imposta aos Estados de promover, por si mesmos, a adequação de seu ordenamento jurídico às disposições inscritas em um tratado internacional de direitos humanos" (SCHÄFER et al., 2017, p. 221). Ou seja, cabe aos juízes nacionais conferirem a compatibilidade entre a lei local e os tratados internacionais. O controle de convencionalidade foi primeiro mencionado em 2006, no caso Almonacid *versus* Chile, que, ao condenar o Chile por violar direitos consagrados na

Ação Direta de Inconstitucionalidade (ADI) nº 4.275, em 1º de março de 2018, decidindo pelo reconhecimento do direito à mudança de prenome e sexo nos documentos dos transgêneros independentemente da realização de qualquer intervenção cirúrgica prévia. Nesta decisão, o STF não só menciona a Constituição, no plano normativo, como também a Opinião Consultiva nº 24 e o Pacto de San José de Costa Rica, reforçando a importância que o tratado internacional tem no ordenamento jurídico brasileiro.

3.2 Julgamento A.P., Garçon e Nicot *vs.* França

Referências a dispositivos, jurisprudências e doutrinas constitucionais estrangeiras são bastante comuns na fundamentação de julgamentos de questões constitucionais na América Latina. O uso do direito constitucional de países europeus, por exemplo, passou a ser visto no âmbito do Supremo Tribunal Federal com mais frequência, sendo aplicado pelos magistrados não só como prova de erudição – "sem qualquer vínculo de relevância argumentativa com o caso *sub judice*" (NEVES, 2014, p. 267 *apud* BRASIL. Tribunal do Rio Grande do Sul, 2014b), mas também serviu como *ratio decidendi* – ficando presente nas Ementas de Acórdãos.

Desta maneira, além da Opinião Consultiva nº 24/2017, a decisão do STF pelo reconhecimento da retificação do prenome e do gênero de registro civil de pessoas trans* no Brasil se baseou também com o julgamento do caso A.P., Garçon e Nicot contra a França julgado pela Corte Europeia de Direitos Humanos (CEDH) em 6 de abril de 2017. Tal julgamento resultou contra a exigência de submissão das pessoas transexuais ao procedimento cirúrgico de redesignação de sexo como requisito necessário para o reconhecimento da identidade de gênero nos registros públicos, por ser considerada uma medida contrária à Convenção Europeia de Direitos Humanos (CEDH).

Convenção ao omitir-se na investigação e sanção dos culpados pela execução do senhor Almonacid, a Corte esclareceu o entendimento de que todos os tribunais internos dos países signatários da Convenção devem exercer uma espécie de "controle de convencionalidade", estando obrigados a aplicar a convenção e a jurisprudência da Corte. A partir daí, a Corte IDH manifestou-se expressamente pela aplicabilidade da sua jurisprudência pelos juízes dos países signatários. Sendo assim, no entender da Corte, os julgadores locais, na análise do caso concreto, devem fazer não só uma mera observância, mas se submeter aos princípios norteadores das decisões da Corte IDH, com o objetivo de garantir a aplicação das normas por ela estabelecidas como padrões para a boa apreciação do direito local.

A Corte Europeia tem como função proteger a CEDH, assinada inicialmente em 1950, hoje agregando 47 países e, similar aos principais incisos do art. 5º da Constituição brasileira, protege os direitos fundamentais, como a vida, a liberdade contra tortura, contra o tratamento desumano, contra a escravidão, o direito a um julgamento justo, a irretroatividade da lei penal, direito à privacidade, liberdade de expressão, de imprensa, de associação e de casamento e o direito à propriedade. É de se notar que o conteúdo da Convenção tem por objetivo a proteção de toda e qualquer pessoa, conforme diz em seu artigo 14:

> Art. 14: O gozo dos direitos e liberdades reconhecidos na presente Convenção deve ser assegurado sem quaisquer distinções, tais como as fundadas no sexo, raça, cor, língua, religião, opiniões políticas ou outras, a origem nacional ou social, a pertença a uma minoria nacional, a riqueza, o nascimento ou qualquer outra situação.

Apesar de a Corte Internacional não ter o poder de mudar a legislação interna de um país, ela tem uma grande influência nas cortes internas, no poder executivo e nas organizações internacionais. Ainda, muitos Estados seguem a recomendação da Corte Europeia para não manchar a sua reputação internacional perante outros Estados ou simplesmente porque querem impedir futuras demandas na Corte. Em virtude disso, muitas legislações de países europeus estão se modificando à nova realidade graças à Corte Europeia (GORISH, 2017, p. 389).

Em 6 de abril de 2017, a CEDH julgou o caso A.P., Garçon e Nicot contra a França, pela não submissão obrigatória ao procedimento cirúrgico de transgenitalização como requisito para o reconhecimento da identidade de gênero da pessoa transgênero nos registros públicos, por ser considerada uma medida contrária à CEDH. Esta decisão estabeleceu um verdadeiro avanço quanto à promoção dos direitos dessa parcela da população.

O caso em questão envolve reclamações distintas de três mulheres trans*, A.P, Émile Garçon e Stéphane Nicot, que tiveram seus pedidos de retificação da menção de sexo e nome no registro civil negados pela jurisdição francesa. A recusa teve como justificativa que, para legitimar o pedido de reconhecimento da identidade de gênero, seria preciso que as requerentes comprovassem que sofriam de um suposto distúrbio de identidade de gênero e que a mudança na aparência era irreversível, ou seja, deveriam ter se submetido a um procedimento cirúrgico de redesignação de sexo. Nota-se que, diferentemente do que ocorre no Sistema Interamericano, em que os cidadãos somente têm acesso à Comissão IDH, na Corte Europeia qualquer cidadão pode apresentar queixa diretamente à Corte contra seu país.

A primeira requerente, A.P., afirmou que, apesar de ter sido inscrita no registro de nascimentos como homem, ela sempre se comportou como uma mulher e a sua aparência física sempre fora bastante feminina. Desde muito criança, A.P. lutou consideravelmente com sua identidade de gênero (a identidade atribuída a ela no nascimento chocava com sua identidade psicológica social), até que, em 2006, depois de vários médicos a terem diagnosticado com um distúrbio de identidade de gênero conhecido como "síndrome de Harry Benjamin", ela iniciou uma fase de transição, vivendo na sociedade como mulher e realizando um tratamento hormonal sob a supervisão de um endocrinologista e um neuropsiquiatra. Ao constatar que o ordenamento jurídico francês tratava a cirurgia de transgenitalização como requisito essencial para a retificação do registro civil, em 2008, A.P. realizou tal cirurgia na Tailândia.

Embora tendo apresentado três atestados médicos declarando ser portadora de um distúrbio psicopatológico, bem como o atestado do médico que a operou declarando a retirada total dos órgãos sexuais masculinos, a jurisdição francesa não aceitou tais atestados, exigindo uma perícia completa a ser feita na França, cujo custo, mais de 1.500 euros, deveria ser suportado pela própria requerente (CEDH, 2017, p. 6). A.P então se recusou a se submeter a esta avaliação pericial, pois, além de ser bastante onerosa, ela falha em respeitar a integridade física e mental da pessoa em questão. Em virtude disso, em 2009, o vice-presidente do Tribunal de Paris recusou a primeira requerente a interpor recurso contra este julgamento interlocutório.

A segunda requerente, Émile Garçon, relatou que sabia desde muito cedo que pertencia ao gênero feminino, mas, devido à pressão social, ela tentou esconder a sua verdadeira identidade de gênero ao se casar duas vezes e ter filhos enquanto vivia com a identidade masculina inserida em seu registro de nascimento. No entanto, esses casamentos terminaram em divórcio. Em 2004, Garçon começou a realizar tratamento de feminização (uso de hormônios femininos), culminando em uma cirurgia de redesignação sexual.

Em 2009, Émile entrou com ação contra o Conselho de Estado no tribunal francês buscando uma ordem para que a certidão de nascimento fosse corrigida, substituindo a palavra 'masculino' por 'feminino' e substituindo os nomes próprios masculinos pelo nome Émile. Contudo, o tribunal de origem julgou improcedente o pedido sob a afirmativa de que a requerente não tinha provado ser portadora de uma síndrome transexual. Não conformada, a requerente interpôs um recurso contra o tribunal de origem, mas foi negado pela corte de apelação francesa sob a justificativa de que o princípio da indisponibilidade do estado civil só poderia ser flexibilizado diante da prova de uma síndrome transexual rigorosamente diagnosticada e de transformações corporais irreversíveis. Émile Garçon ainda tentou cassar o acórdão perante a Corte de cassação francesa, em 2013, porém sem sucesso, o que a levou a acionar a Corte Europeia de Direitos Humanos.

A terceira requerente, Stéphane Nicot, disse que viveu maritalmente com uma mulher, tiveram uma filha juntas e que por muito tempo havia escondido a sua verdadeira identidade de gênero por medo de ser intimidada e depois perder a custódia de sua filha. Contudo, depois que a filha cresceu, adaptou sua aparência e conduta social para combinar com sua identidade de gênero feminino.

Em 2007, Stephanie interpôs um recurso perante o tribunal francês com o objetivo de obter a retificação do seu sexo e nome no registro civil. O tribunal ordenou que a requerente apresentasse qualquer documento médico relacionado ao tratamento cirúrgico realizado e capaz de demonstrar que ela havia realmente mudado de gênero. Porém, ela se recusou a fornecer tal prova de sua transexualidade e da conversão sexual irreversível e, em virtude disso, o seu pedido de retificação foi indeferido não só na primeira, como também em todas as instâncias internas da França.

Uma vez apresentado os casos supracitados, a Corte Europeia de Direitos Humanos fez um resumo do entendimento sobre a matéria até então vigente na jurisdição interna francesa, qual seja, a necessidade de comprovação, por laudo médico, do caráter irreversível da mudança corporal sofrida, bem como o diagnóstico psicopatológico da condição transexual para que haja a legitimação do pedido de retificação do prenome e gênero do registro civil de uma pessoa trans*. A Corte cita, ainda, a portaria francesa CIV/07/10, cuja orientação aos procuradores atuantes em pedidos por retificação do registro civil de pessoas trans* ocorre no sentido de que se manifestem favoravelmente à demanda sem exigir a retirada dos órgãos genitais em específico, desde que havendo prova de tratamento hormonal, eventualmente associado a cirurgias estéticas, resultando em uma redesignação sexual irreversível. A opinião consultiva da Comissão Nacional dos Direitos Humanos da França, em 2013, também foi mencionada e esta se manifestou a favor da supressão de condicionamentos médicos para a retificação do registro civil, salientando que, ao permitir a possibilidade de alteração registral sem exigência à submissão de tratamento médico, cirúrgico ou esterilização, não violaria o princípio da proteção da dignidade humana.

Em seguida, a Corte apresentou alguns documentos nacionais, convencionais e internacionais referentes à temática. Entre eles são citados, no âmbito das Nações Unidas, a declaração denominada *Eliminating forced, coercitive and otherwise involuntary sterilization*, de 2014 e, no âmbito do Conselho Europeu, o documento intitulado *Droits de l'homme et identité de genre* (Direitos Humanos e Identidade de Gênero), de 2009; ambos se manifestaram pelo reconhecimento jurídico da identidade de gênero das pessoas trans* sem submissão a uma esterilização prévia ou a outros procedimentos que causem a esterilidade.

Após reconhecer preliminarmente que a identidade de gênero encontra-se protegida pelo artigo 8º da CEDH (proteção da vida privada), a Corte começou a análise do mérito. Inicialmente notou-se que, apesar de a lei francesa permitir a possibilidade de pessoas trans* terem sua identidade legalmente reconhecida por possuírem seus documentos de *status* civil corrigido, no momento dos eventos, no caso das requerentes, a jurisdição francesa criara uma condição para tal reconhecimento, qual seja, a de demonstrar que sofriam de um distúrbio de identidade de gênero e que a mudança na aparência era irreversível. Os pedidos, nesse sentido, feitos pela segunda e terceira requerentes, foram, portanto, rejeitados porque elas não haviam preenchido a condição em questão.

O motivo da rejeição de tal condição era que, na opinião das requerentes, estava claro que a liberdade fundamental de definir a identidade de gênero estava protegida pelo artigo 8º da CEDH, sem que seu exercício estivesse sujeito ao diagnóstico de um distúrbio psiquiátrico ou tratamento médico ou cirúrgico, ou seja, não haveria sentido moral que justificasse a privação do reconhecimento da identidade de gênero da pessoa pelo fato de não ter se submetido a um tratamento de transgenitalização.

Assim sendo, o governo francês argumentou que a recusa da retificação do registro civil no caso das requerentes teve como finalidade a proteção da confiabilidade e da consistência do sistema de registros públicos francês, fundado no princípio da indisponibilidade, na medida em que a identidade de gênero da pessoa desempenharia uma função estrutural nos arranjos sociais e legais do país e "que uma mudança de gênero nos documentos de estatuto civil só poderia ser permitida quando irreversível a natureza do processo de reatribuição de gênero fosse estabelecida objetivamente" (CEDH, 2017, p. 33).

A Corte se manifestou, primeiramente, quanto ao condicionamento da retificação do registro civil das pessoas trans* à prova da irreversibilidade dos procedimentos de redesignação sexual e, em seguida, quanto ao requisito do diagnóstico psicopatológico. Para a CEDH, a imposição da esterilização como requisito essencial ao reconhecimento da retificação do registro civil da pessoa trans* corresponderia a uma violação ao artigo 8º da CEDH, pois condicionar o reconhecimento legal de gênero à cirurgia ou tratamento de esterilização se resume basicamente a condicionar o exercício do direito ao respeito à vida privada. Embora reconheça a importância dos interesses gerais da indisponibilidade, veracidade e coerência do *status* civil, constatou que o Estado francês não conseguiu encontrar um equilíbrio justo entre esses interesses e os direitos das requerentes e, portanto, violaram o artigo 8º da CEDH.

Quanto à exigibilidade de um diagnóstico médico atestando a existência da síndrome psiquiátrica de disforia de gênero como requisito para o reconhecimento jurídico da identidade de gênero trans*, a Corte observou que este requisito é utilizado na grande maioria dos países da União Europeia, com exceção da Dinamarca, Noruega, Malta e Islândia, que adotam uma legislação que exclui o diagnóstico como requisito prévio. Desta maneira, a Corte entendeu que, como a maioria dos Estados europeus se utiliza deste requisito, a França, ao prever tal condição, não violaria o direito à vida privada da pessoa.

A Corte Europeia concluiu, portanto, que, com base nas vertentes do artigo 8º da CEDH, houve uma violação a este artigo em relação às segunda e terceira requerentes, por utilizarem como requisito a demonstração de uma mudança irreversível na aparência. Entretanto, também decidiu que não houve violação ao mesmo artigo em relação apenas à segunda requerente, devido ao requisito para demonstrar a existência de um distúrbio de identidade de gênero. Por fim, decidiu, ainda, que também não houve violação ao artigo 8º com relação à primeira requerente devido à obrigatoriedade de realização de exame médico.

Apesar de ter contribuído significativamente para a proteção legal das pessoas trans* na Europa, o julgamento supracitado pode ser criticado em alguns pontos. Faz-se necessário entender que a Corte não pôs um fim à patologização social e jurídica das pessoas trans*. Embora tivesse reconhecido o risco de marginalização que reside na medicalização dos problemas que as pessoas trans* enfrentam, a Corte manteve a condição de um diagnóstico de transexualidade para solicitar com êxito a mudança de sexo legalmente. Ademais, ao interpretar a condição de irreversibilidade da transformação corporal para o sexo oposto como uma condição de esterilização obrigatória, a Corte não deixou claro se as outras condições médicas, como cirurgia obrigatória de redesignação genital ou tratamento hormonal, se enquadrariam nessa "irreversibilidade da transformação", ficando esta questão, até então, sem resposta. Portanto, mesmo conquistando o direito à autonomia corporal, a pessoa trans* ainda continua sem uma garantia de proteção do reconhecimento de sua identidade de gênero sem desvincular a patologização de tal aspecto da vida.

3.3 O direito à identidade de gênero em uma visão dicotômica entre Argentina e Hungria

Na Argentina, a Lei nº 26.743 de 2012, também conhecida como a Lei de Identidade de Gênero, possibilitou o reconhecimento da diversidade sexual e de gênero como um direito individual. Tal norma permitiu diversas garantias à população trans*, incluindo a alteração do prenome e do gênero nos documentos de identidade, sem a necessidade de requerimento de nenhum tipo de laudo médico ou psicológico.

Segundo Emiliano Litardo, na lei argentina:

> Dá-se preferência à vontade da pessoa, e não se judicializa nem se administrativiza o direito ao reconhecimento de sua identidade de gênero, facilitando a manifestação da vontade por meio de um simples formulário no qual consta a solicitação de retificação do nome (...). Ainda em relação a esse dispositivo e à necessidade de revalorizar o direito à autonomia corporal, a lei de identidade de gênero evita qualquer definição normativa de categorias identitárias como "travesti", "transexual" ou "transgênero". (LITARDO, 2013, p. 218)

A lei argentina é composta por 15 artigos, os quais abordam a definição do direito protegido, o seu exercício, os requisitos exigidos, a sua aplicação às pessoas menores de idade, bem como os trâmites legais, os efeitos, os limites e outros aspectos.

O primeiro artigo dispõe que toda pessoa tem direito ao reconhecimento de sua identidade de gênero, devendo ela ser tratada de acordo com sua identidade de gênero e, em particular, ser identificada dessa maneira nos instrumentos que provam sua identidade com relação ao primeiro nome, imagem e sexo com o qual se encontra registrada. O segundo artigo, por sua vez, traz uma definição do que seria identidade de gênero, qual seja:

> Artigo 2º – Definição. A identidade de gênero é entendida como a experiência interna e individual de gênero, conforme cada pessoa a sente, o que pode ou não corresponder ao sexo atribuído no momento do nascimento, incluindo a experiência pessoal do corpo. Isso pode envolver a modificação da aparência ou função do corpo por meios farmacológicos, cirúrgicos ou outros, desde que seja livremente escolhido. Também inclui outras expressões de gênero, como roupas, modos de falar e maneiras. (ARGENTINA, Lei nº 26.743, 2012, trad. livre da autora)

A Lei de Identidade de Gênero permite que uma pessoa modifique seus dados pessoais no registro e altere o nome, imagem e sexo registrado, quando não coincidir com sua identidade de gênero percebida (artigo 3º). Porém, ao solicitar a retificação registral, o indivíduo terá que observar os seguintes requisitos, previstos no artigo 4º: 1) idade mínima de 18 anos, com exceção do estabelecido no artigo 5º; 2) apresentar ao Registro Nacional de Pessoas ou seus correspondentes escritórios seccionais uma solicitação declarando que se encontra amparado pela lei, exigindo a retificação de registro da certidão de nascimento e o novo documento de identidade nacional correspondente, mantendo o número original; 3) expressar o novo nome escolhido com quem pede para se registrar. Em nenhum momento será necessário provar a intervenção cirúrgica de redesignação do sexo, realização de terapias hormonais ou outro tratamento psicológico ou médico, bastando apenas que o solicitante firme autodeclaração.

A retificação registral não altera a titularidade dos direitos e das obrigações legais que podem corresponder à pessoa antes da alteração, nem os que vierem das relações próprias do direito da família em todas as suas ordens e graus, que se manterão imutáveis, incluindo a adoção (artigo 7º). Além disso, uma vez realizada a retificação, só poderá esta ser modificada novamente através de uma autorização judicial (artigo 8º). Ademais, só terá acesso à certidão de nascimento original quem tiver a autorização do titular da certidão ou com uma ordem judicial escrita e fundamentada. Não será divulgada a retificação registral do sexo e mudança de nome em qualquer caso, a menos que autorizado pelo titular dos dados (artigo 9º).

A pessoa ainda pode acessar tratamentos hormonais e intervenções cirúrgicas totais ou parciais para adaptar seu corpo à identidade escolhida (artigo 11) e desenvolver sua personalidade de acordo com a identidade autopercebida (artigo 12). Além disso, nenhuma norma, regulamento ou procedimento deverá limitar, restringir ou excluir o exercício do direito à identidade de gênero das pessoas; as regras devem ser interpretadas e aplicadas a favor do respeito ao direito humano à identidade de gênero (artigo 13). Caso haja qualquer ato que prejudique ou negue qualquer um dos direitos contidos na lei, tais ações serão consideradas como práticas discriminatórias.

Importa destacar aqui que a lei não só protege as pessoas trans* maiores de 18 anos, mas também as crianças e adolescentes transgênero (*vide* subseção 3.1). A assistência de um advogado especializado em direito da criança e do adolescente, chamado "advogado da criança", se torna essencial para o procedimento de retificação do prenome e do gênero do registro civil, pois através dele irá reforçar o direito de proteção à autonomia corporal da subjetividade infantojuvenil. Além disso, se por qualquer motivo a solicitação for recusada ou for impossível o consentimento de qualquer um dos representantes legais da criança ou do adolescente, será possível recorrer à via sumaríssima para que os juízes possam decidir sobre o tema, levando sempre em consideração os princípios do melhor interesse da criança e da proteção integral dos direitos das crianças e adolescentes de acordo com as disposições da Convenção sobre os Direitos da Criança e da Lei nº 26.061/2005 (Lei de Proteção Integral dos Direitos das Crianças e Adolescentes da Argentina).

Para José Carlos Leanza, não existe uma diferença formal entre os pedidos da retificação do registro feitos pelos adultos e os feitos pelas crianças (realizados por meio de seus representantes legais), mas "há um diferencial no tratamento das particulares intimidades privadas que são tornadas públicas nesta instância, quando a lei reconhece uma centralidade própria nos meninos e nas meninas como sujeitos de direitos" (LEANZA, 2018, p. 8, trad. livre da autora).

Geralmente, crianças e adolescentes trans* manifestam sua identidade pedindo para que sejam mencionadas com nomes de outro sexo, vestindo roupas do sexo oposto, e é neste momento que a rejeição é percebida, seja pela família, seja pelo grupo social. Então, apesar de existir uma lei que reconhece a retificação registral do nome e do sexo de crianças e adolescentes trans*, tal alteração ainda não é algo prioritário para elas, havendo outras necessidades a serem resolvidas primeiro, tais como: o sistema educacional discriminatório e expulsivo; dificuldade de acesso ao sistema de saúde; contextos familiares e sociais problemáticos; a construção machista da identidade; medicalização na constituição de corpos; os efeitos sociais da discriminação, como depressão e suicídio; baixa expectativa de vida; medo da hostilidade da sociedade.

Dentro desta lógica, José Carlos Leanza, ao realizar uma pesquisa de campo sobre o assunto, compreendeu que é possível encontrar comportamentos que se tornam evidentes em dois eixos principais: o de rejeitar a condição de gênero transexual ou o de compreendê-la e acompanhá-la.

> L.S. é mãe da menina trans de seis anos A., que vive com seus pais e sua irmã de 13 anos, nasceu menino – dependendo do sexo designado –, ela vive uma infância livre na qual seus padrões de identificação em relação ao gênero foram respeitados por sua família principal. Desde os três anos de idade, ela declarou com firmeza: "Eu sou uma bebê". Aos quatro anos de idade, ele entrou no jardim de uma escola que pratica uma ideia conservadora sobre o sexo de meninos e meninas. Atualmente na primeira série. Ela escolheu seu nome e experimenta sua dimensão corporal de forma gratuita. (LEANZA, 2018, p. 15)

Através da Lei de Identidade de Gênero, as pessoas trans* adquiriram uma nova visibilidade, que vem com o reconhecimento de seus direitos pelo Estado.

Direitos trans* são direitos humanos. Contudo, em alguns países, como no governo da Hungria, ignorou-se este fato e aprovou-se uma lei que impede que as pessoas transgênero alterem seus documentos no registro civil.

A Hungria é uma república parlamentarista cujo presidente, por ser o chefe de Estado, tem um papel, sobretudo, cerimonial, e o primeiro-ministro, como chefe de governo, exerce todas as funções do Poder Executivo, escolhendo membros do governo e tendo o direito exclusivo de dispensá-los. De acordo com a Constituição húngara, o presidente tem o poder de nomear o primeiro-ministro e o atual incumbente do cargo é Viktor Orbán, também conhecido por visões ultraconservadoras, nacionalistas e anti-imigratórias.

Sob o argumento de ser uma medida necessária para conter a crise do novo coronavírus (covid-19), o Parlamento húngaro aprovou em 2020 uma lei que prolonga o estado de emergência por tempo indeterminado. Nisto, o primeiro-ministro ultraconservador Viktor Orbán passou a ter plenos poderes para governar por decreto indefinidamente, sem precisar da aprovação do Parlamento; isto significa que ele não precisará mais consultar outros legisladores antes de tomar suas decisões políticas. Em virtude disto, em 31 de março de 2020, Orbán apresentou um Projeto de Lei que alteraria simultaneamente diversas normas e disposições.

Entre as leis propostas para emenda, destaca-se o artigo 33 deste projeto, que diz respeito à alteração do reconhecimento de gênero das pessoas trans*. A nova legislação ainda redefiniria a palavra húngara *nem*, que pode significar sexo ou gênero. Embora haja uma confusão sobre a definição desses termos, já que sexo é definido como característica biológica e o gênero na autopercepção, a lei acabaria com a diferenciação entre ambos, sendo a categoria de sexo no registro civil substituída por "sexo atribuído em nascimento", definido como "sexo biológico conforme determinado por características sexuais primárias e cromossomos". De acordo com o *Transgender Europe*, o raciocínio citado para esta alteração seria de que:

> O sexo inserido no registro civil é baseado em fatos determinados pelos médicos, declarados pelo registro. O registro certifica os fatos e direitos que inclui até prova em contrário, portanto, não cria direitos. No entanto, o sexo declarado pelo registro pode criar direitos ou obrigações e, portanto, é necessário definir o termo do sexo no nascimento. Dado que mudar completamente o sexo biológico de uma pessoa é impossível, é necessário estabelecer na lei que ela também não pode ser alterada no registro civil. (TGEU, 2020, [s.p.], trad. livre da autora)

Isto significaria que, para qualquer pessoa que não se identificasse com seu sexo ao nascer, seria negado o direito legal de mudar de gênero nos seus documentos.

Apesar de ter sido criticado nacional e internacionalmente, o projeto foi aprovado pela Assembleia Nacional da Hungria em 18 de maio de 2020 e, no dia 29 do mesmo mês, foi sancionado pelo presidente János Áder, transformando-se em lei. A comunidade LGBTQIA+ húngara vem sofrendo ataques do primeiro-ministro Orbán desde 2015, quando ele bloqueou um projeto de acordo no Conselho da União

Europeia que tinha como objetivo o combate à discriminação homofóbica e transfóbica. Além disso, o presidente é um forte aliado de Orbán desde que foi eleito para o papel amplamente cerimonial em 2012, não demonstrando qualquer surpresa para a comunidade húngara a aprovação deste projeto.

Desde 2017, os processos de reconhecimento de gênero tinham sido suspensos pelo governo do primeiro-ministro e, com a aprovação da lei, os pedidos em espera serão cancelados. Isto mostra um verdadeiro retrocesso perante a comunidade LGBTQIA+ húngara, pois esta nova lei não apenas contradiz os direitos fundamentais e as obrigações internacionais de direitos humanos da Hungria, mas também irá intensificar ainda mais um ambiente já considerado intolerante e hostil enfrentado por pessoas LGBTQIA+ no país. Sem um reconhecimento legal de gênero, os indivíduos trans* estarão sujeitos à discriminação, ao assédio e à violência toda vez que usarem os seus documentos de identidade em sua vida cotidiana.

A advogada húngara Bea Bodrogi, em uma entrevista dada ao *New York Times*, disse que esta lei é incomparável na Europa e "isso vai contra todos os padrões internacionais e nacionais de direitos humanos: direito à privacidade, direito à autodeterminação, direito à dignidade humana" (NOVAK, 2020).

CAPÍTULO 4

"TRANS-GREDINDO" BARREIRAS NO PODER JUDICIÁRIO: A TRANSGENERIDADE E O DIREITO À RETIFICAÇÃO DO PRENOME E DO GÊNERO NO REGISTRO CIVIL

4.1 Direito ao nome e ao nome social

A personalidade jurídica é a aptidão genérica para adquirir direitos e contrair obrigações ou deveres no ordenamento jurídico, ou seja, é o atributo necessário para ser pessoa. "A personalidade é, portanto, o conceito básico da ordem jurídica, que a estende a todos os homens, consagrando-a na legislação civil e nos direitos constitucionais de vida, liberdade e igualdade" (GONÇALVES, 2013, p. 94). O Código Civil Brasileiro de 2002 (CCB) estabelece que a personalidade civil da pessoa natural tem início a partir do nascimento com vida, sendo assegurados direitos ao nascituro desde a sua concepção (BRASIL, 2002, art. 2º), ou seja, o ser humano, ao nascer com vida, torna-se titular de direitos e obrigações, contraindo capacidade e, assim, personalidade jurídica.

De acordo com Maria Helena Diniz (2012, p. 135), os direitos da personalidade podem ser conceituados como direitos subjetivos da pessoa de defender o que lhe é próprio ou inerente. Fábio Ulhoa Coelho (2020, [s.p.]) afirma que "os direitos da personalidade são essenciais às pessoas naturais, porque não há quem não os titularize: direito ao nome, à imagem, ao corpo e suas partes, à honra etc.".

Neste sentido, a proteção ao nome está baseada nos direitos da personalidade, não podendo o seu exercício sofrer limitação voluntária, uma vez que é a denominação civil da pessoa, ou seja, é a qualidade que a ela se agrega, representando um dos direitos mais íntimos e fundamentais do ser humano.

O nome é a identificação da pessoa natural perante a sociedade e encontra-se vinculado ao direito à identidade. Com ele, a pessoa é identificada e reconhecida, tornando-se distinta e singular diante das demais. Raul Choeri (2010, p. 266) afirma que a identidade é mais ampla que o nome, sendo este um dos meios para efetivá-la, pois enquanto a identidade tem como função a individualização e a identificação da pessoa na sociedade, o nome constitui um instrumento direto e simples para a definição da pessoa, mas não expressa de forma completa e absoluta todos os atributos da identidade.

Para Rubens Limongi França (1975, p. 22), "o nome civil é a designação pela qual se identificam e distinguem as pessoas naturais nas relações concernentes ao aspecto civil de sua vida jurídica". Portanto, o indivíduo sem o nome é apenas uma realidade fática, entrando no mundo jurídico apenas quando lhe é atribuído um nome. Assim, o nome não só individualiza a pessoa durante a vida, como também continua após a morte, pois ele "se perpetua como lembrança e memória do que partiu, mantendo efeitos no direito sucessório. O tempo, a dor e a saudade não apagam o nome, ele adere ao ser humano, como um só corpo" (PEREIRA, 2006, p. 29). Então, mesmo após a morte, a pessoa continua sendo lembrada, pelo nome, por aqueles que a valorizavam.

A Convenção Americana de Direitos Humanos, também conhecida como o Pacto de San José de Costa Rica, já ratificada pelo Brasil, prevê em seu artigo 18 que "toda pessoa tem direito a um prenome e aos nomes de seus pais ou ao de um deles, devendo a lei regular a forma de assegurar todos esses direitos, mediante nomes fictícios, se for necessário" (OEA, 1969, art. 18). Conforme prevê o artigo 16 do CCB, o nome civil é um direito da personalidade e nele são compreendidos o prenome e o sobrenome.

O prenome é a primeira parte do nome da pessoa, individualizando-a e diferenciando-a dos demais indivíduos. Ele pode ser simples, quando constituído por um único vocábulo (João, Maria) ou composto, quando constituído por dois ou mais vocábulos (Camilla Danielle, Ana Carolina). A escolha do prenome é um ato realizado por imposição de outrem, normalmente pelos pais, em conjunto, ou por qualquer um deles quando falecido o outro no período do registro de nascimento e, de um modo geral, levam em consideração o sexo biológico da criança.

A outra parte integrante do nome é o sobrenome ou patronímico, que pode ser entendido como o apelido da família que aquela pessoa carrega, ou seja, é o que identifica socialmente a família, independentemente de seus membros. Enquanto o prenome é livremente escolhido pelos pais, mas desde que não exponha a pessoa ao ridículo, o sobrenome "é composto por estes com aproveitamento de uma ou mais expressões de seus sobrenomes" (COELHO, 2020, [s.p.]). Logo, na tradição brasileira, geralmente reúne-se a última das expressões componentes do sobrenome da mãe com a última das componentes do sobrenome do pai. Se Paula de Freitas Soares e Marcos Antunes da Costa tiverem uma filha, e for observada a tradição de sobrenomes utilizada no Brasil, irão chamá-la de Camilla Soares Costa.

Existem ainda os elementos secundários, que, por sua vez, podem ou não participar da composição do nome civil, sendo aqueles para os quais a lei não atribui obrigatoriedade. Os principais são o agnome, a partícula e conjunção, o pseudônimo, entre outros. O agnome é acrescentado ao final do sobrenome a fim de identificar o grau de parentesco, como Filho, Neto, Sobrinho; partículas e conjunções são utilizadas para ligar os apelidos de família, como do, da, de, dos e das; e o pseudônimo "é um nome fictício que a pessoa atribui a si" (VIEIRA, 2012, p. 22), um nome artístico, geralmente utilizado por artistas, escritores, poetas e cantores.

Há duas regras de proteção do nome, que se estendem também ao pseudônimo quando este é adotado para atividades lícitas (art. 19 do CCB). A primeira limita a sua menção por terceiros, em publicações ou representações que exponham a pessoa ao desprezo público, ainda quando não haja intenção difamatória (art. 17 do CCB). Quando utilizada de forma ilícita por terceiro, gera responsabilidade civil, tendo o titular do nome o direito de impedir a divulgação ou direito à reparação. A segunda regra impede o uso do nome em propaganda comercial sem autorização expressa do seu titular (art. 18, CCB). O uso do nome alheio sem a anuência do titular gera não só a abstenção do ato como também indenização. Entende-se por propaganda comercial "todos os anúncios destinados, direta ou indiretamente, a promover venda de produtos ou serviços do anunciante" (COELHO, 2020, [s.p.]) sendo a forma de veículo irrelevante, podendo ser TVs, rádio, internet etc.

Diversas são as características atribuídas ao nome civil. Existe a irrenunciabilidade, em que direitos da personalidade não podem ser eliminados ou renunciados por vontade do seu titular. A obrigatoriedade, que diz respeito à obrigação de se ter um nome e de registrá-lo oficialmente no Cartório de Registro Civil. A exclusividade, pois o nome pertence a uma única pessoa, porém ressalta-se que tal característica é relativizada, pois se admite a existência de homônimos. A inalienabilidade, a inacessibilidade, a extracomercialidade e a inexpropriabilidade, visto que o nome não pode ser transferido, vendido ou trocado, por não ser um bem comercializável. A imprescritibilidade, em razão de seu titular não perder o direito ao nome, seja por ação ou inação. E, por fim, a imutabilidade, não podendo o nome ser modificado ou alterado por mero capricho, devendo permanecer durante toda a vida da pessoa e até após a sua morte (art. 58 da Lei de Registros Públicos).

Importa destacar que, através da imutabilidade, há uma maior segurança jurídica dos atos, evitando assim a má-fé de pessoas que mudariam seu nome para obter vantagens, cometer crimes e se isentar de responsabilidades. Contudo, mesmo sendo considerado, em regra, imutável, a legislação permite que ele seja alterado em algumas situações excepcionais. Portanto, "embora da mais alta importância jurídica e social, esta característica do nome não é absoluta e deve ser bem entendida, porquanto aceita exceções, sejam elas decorrentes da lei, sejam decorrentes da própria interpretação dos princípios que regem o direito ao nome" (BRANDELLI, 2012, p. 74). Assim, segundo o artigo 57 da Lei nº 6.015/73, "A alteração posterior de nome, somente por exceção e motivadamente, após audiência do Ministério Público, será permitida por sentença do juiz (...)" (BRASIL, 1973).

Tanto o prenome como o sobrenome são regidos pela regra da imutabilidade, mas há inúmeras exceções na jurisprudência e na lei para alteração e retificação do nome civil, sendo admitida a flexibilização da imutabilidade desde que não implique danos à estabilidade e à segurança jurídica (SILVA, 2019, p. 173). A título exemplificativo serão analisadas, a seguir, algumas exceções legais de alteração de prenome e sobrenome, começando pela possibilidade de alteração do sobrenome através do casamento. O artigo 1.565, §1º do CCB, fez previsão de que se qualquer um dos noivos desejar, poderá acrescentar ao seu sobrenome o nome de família do outro. Do mesmo modo, existe a possibilidade ou não de mudança do sobrenome quando do fim do matrimônio, pois, segundo o artigo 1.571, §2º do CCB, "dissolvido o casamento pelo divórcio direto ou por conversão, o cônjuge poderá manter o nome de casado; salvo, no segundo caso, dispondo em contrário a sentença de separação judicial" (BRASIL, 2002, art. 1571, §2º). A alteração do prenome pode ocorrer pela vontade do titular, no primeiro ano seguinte ao da maioridade civil (artigo 56 da Lei nº 6.015 de 1973); em virtude dos apelidos públicos notórios (artigo 58 da Lei nº 6.015 de 1973); quando há existência de erro gráfico (art. 110 da Lei nº 6.015 de 1973); ou ainda se causar constrangimento à pessoa, expondo-a ao ridículo ou à vergonha (art. 55 da Lei nº 6.015 de 1973). Sílvio Venosa (2014, p. 206) diz que, "em caso de levantamento de dúvida pelo serventuário, deve o juiz impedir o registro de nomes que exponham seus portadores ao riso, ao ridículo, à chacota da sociedade". A mera insatisfação com o prenome não gera a possibilidade de sua alteração, devendo a pessoa demonstrar o constrangimento e a vergonha de possuí-lo.

Há duas hipóteses de retificação do nome: a judicial e a administrativa. Na esfera judicial, a alteração do nome se dá através de ação de retificação de registro civil, que é um procedimento de jurisdição voluntária, pois não há sujeito que componha o polo passivo, mas somente o interessado que está presente no polo ativo da demanda. O artigo 109 da Lei nº 6.015/73 dispõe sobre quem pretender que se retifique os assentos de registro civil:

> Art. 109. *Quem pretender que se restaure, supra ou retifique assentamento no Registro Civil, requererá, em petição fundamentada e instruída com documentos ou com indicação de testemunhas*, que o Juiz o ordene, ouvido o órgão do Ministério Público e os interessados, no prazo de cinco dias, que correrá em cartório.
>
> §1º Se qualquer interessado ou o órgão do Ministério Público impugnar o pedido, o Juiz determinará a produção da prova, dentro do prazo de dez dias e ouvidos, sucessivamente, em três dias, os interessados e o órgão do Ministério Público, decidirá em cinco dias.
>
> §2º Se não houver impugnação ou necessidade de mais provas, o Juiz decidirá no prazo de cinco dias.
>
> §3º Da decisão do Juiz, caberá o recurso de apelação com ambos os efeitos.
>
> §4º Julgado procedente o pedido, o Juiz ordenará que se expeça mandado para que seja lavrado, restaurado e retificado o assentamento, indicando, com precisão, os fatos ou circunstâncias que devam ser retificados, e em que sentido, ou os que devam ser objeto do novo assentamento.
>
> §5º Se houver de ser cumprido em jurisdição diversa, o mandado será remetido, por ofício, ao Juiz sob cuja jurisdição estiver o cartório do Registro Civil e, com o seu "cumpra-se", executar-se-á.
>
> §6º As retificações serão feitas à margem do registro, com as indicações necessárias, ou, quando for o caso, com a trasladação do mandado, que ficará arquivado. Se não houver espaço, far-se-á o transporte do

assento, com as remissões à margem do registro original. (BRASIL, 1973, grifo nosso)

A retificação administrativa, por sua vez, consiste na desjudicialização do processo de retificação civil, ou seja, através dela será possível requerer a alteração fora da esfera judicial em um procedimento menos burocrático. Entretanto, a pretensão nesta via somente é possível nos casos de maioridade civil, nas hipóteses do artigo 110 da Lei de Registro Público, bem como no Provimento nº 73/2018 (que será explicado mais adiante na subseção 4.4) e no Provimento nº 82/2019 (procedimento de averbação na certidão de nascimento e casamento dos filhos quando houver alteração no patronímico dos genitores em caso de casamento, separação e divórcio).

O nome como direito de personalidade assegura à pessoa identidade e proteção jurídica na sociedade. Para receber a tutela jurídica, o nome precisa ser formalizado no cartório de Registro Civil, pois quando não registrado ele não receberá eficácia em relação às outras pessoas.

O Registro Civil das pessoas naturais é um ato jurídico realizado mediante a lavratura de uma inscrição em livro próprio do cartório que dá assentamento aos fatos da vida de uma pessoa, como o nascimento, casamento, divórcio, tutela, adoção, morte, entre outros. Quando o nome do indivíduo é registrado, o seu registro se torna um ato declaratório que atesta a existência da pessoa e a individualiza no cadastro, constituindo, portanto, um direito de personalidade assegurado pelo registro. Assim, juridicamente, uma pessoa só existe se seu nascimento estiver registrado no cartório de Registro Civil competente, pois registrar é o ato que dará "publicidade ao nascimento com vida, de determinada pessoa, e lhe confere existência legal, condição necessária para exercer direitos e ser sujeito de obrigações no mundo jurídico" (BUTKOVSKY JUNIOR, 2017, p. 37).

A travesti Luma de Andrade, em sua tese de doutorado intitulada "Travestis na escola: assujeitamentos e resistência à ordem normativa" (2012), relata o significado do seu nome masculino civil e a expectativa de sua família sobre a criança nomeada:

> Meus pais determinaram meu prenome como João Filho, que além do sexo incorporou outros significados, pois João é o prenome do meu pai (...) afirmava o poder da criação e o poder do criador, fazendo uma espécie de laço simbólico entre pai e filho, cujo último seria uma cópia do primeiro e teria como objetivo principal dar continuidade à sua história (...) eu

teria que ser uma réplica dele, não apenas na aparência, mas na forma de se comportar e de ser um macho em todos os aspectos para assim honrar seu nome e ainda afirmá-lo como macho. (...) O nome funciona, neste caso, como um contrato social registrado em cartório, com um caráter oficial, para que os signos pré-determinados sejam conhecidos pela sociedade e seguidos pelo nomeado (ANDRADE, 2012, p. 191).

Ainda, para Luma de Andrade, "o nome expressa um desejo em potencial de familiares em relação aos seus receptores na tentativa de estes assumirem o papel previamente determinado a ser desempenhado na sociedade" (ANDRADE, 2012, p. 192). Dessa forma, a pessoa transgênero se torna vítima desta normatização, pois o nome registrado na certidão de nascimento a apresenta de forma diversa quando comparada ao gênero pelo qual se identifica, promovendo, consequentemente, uma autonegação e constrangimentos por se apresentar socialmente como o gênero oposto ao do nascimento.

Anderson Schreiber (2013, p. 32) afirma que:

> A função do registro civil é dar segurança à vida em sociedade. Um registro civil que atribua a uma pessoa um sexo que ela não ostenta na vida social é um registro falso, errado, que exige retificação. Tal qual o nome, o sexo deve ser visto não como um estado registral imutável ou como uma verdade superior ao seu titular, mas como um espaço essencial de realização da pessoa humana. Já se viu que o direito contemporâneo vem se abrindo a uma certa autonomia da pessoa na alteração do seu nome, sempre que não haja risco a um interesse coletivo (como no caso do devedor contumaz ou do suspeito de investigação criminal, que pretende dificultar sua identificação). A mesma abordagem deve ser reservada ao sexo, para reconhecê-lo como uma esfera de livre atuação e desenvolvimento da pessoa. A ciência caminha nesse sentido e aqui convém que o direito não fique para trás.

Reconhecer o direito à mudança do gênero no registro civil, portanto, ajuda a garantir a felicidade e a qualidade de vida do indivíduo. Há de se destacar ainda que não cabe ao Estado nem à sociedade ponderar a possibilidade de alteração do prenome e do gênero dos transexuais, sendo este um direito reconhecido e autodeclarado.

4.1.1 Direito ao nome social

Geralmente os prenomes são reconhecidos na sociedade como pertencentes ao gênero feminino ou ao gênero masculino, salvo algumas exceções, como aqueles que podem ser utilizados para ambos os gêneros (VIEIRA, 2012). Assim, se o indivíduo utiliza o nome oposto ao que foi registrado formalmente, ele fica exposto e vulnerável perante a sociedade, pois a sua aparência física não corresponde ao que está descrito no registro civil. Consequentemente, para que essas pessoas possam viver em sociedade, elas acabam adotando outro prenome, intitulado nome social, que, apesar de não ser aquele que consta nos documentos pessoais, não as expõe socialmente, se adequando, por conseguinte, à sua identidade de gênero.

Desta maneira, diferentemente do nome civil registrado quando do nascimento, o nome social é uma ferramenta bastante significativa na construção da identidade trans*, sendo ele criado para que a população transgênero se apresentasse com o nome pela qual se identifica de acordo com sua identidade de gênero. De acordo com a cartilha "Promoção dos Direitos Humanos de Pessoas LGBT no Mundo do Trabalho", formulada pela Organização Internacional do Trabalho:

> Entende-se por nome social aquele pelo qual travestis e transexuais se reconhecem, bem como são identificados/as por sua comunidade e em seu meio social. O nome social é o nome pelo qual preferem ser chamados/as cotidianamente, em contraste com o nome oficialmente registrado, que não reflete sua identidade de gênero. (OIT.UNAIDS. PNUD, 2014, p. 24)

Partindo do princípio da autodeclaração do gênero, quando um indivíduo escolhe um nome social, ele está dizendo ao outro como quer ser identificado e reconhecido socialmente. Portanto, o uso do nome social é um caminho necessário na construção do próprio direito à identidade trans*, devendo ele ser garantido e efetivado.

O direito ao nome social é uma conquista para a parcela da população transgênero que luta diariamente contra o constrangimento de ser obrigada a conviver com o nome de registro civil com o qual não se identifica.

Apesar de não alterar o prenome e o gênero no registro civil, o reconhecimento ao nome social busca garantir o respeito à identidade de gênero das pessoas trans* resguardando-as de atos discriminatórios. Além disso, ele é extremante necessário no processo de integração social, de autoafirmação e de concretização da dignidade desses indivíduos.

Diante da escassez de normas que tratam da matéria, a implementação do nome social no Brasil vem sendo feita de maneira lenta, cabendo aos Estados a regulamentação da sua utilização. Para tanto, existem diversas portarias, resoluções e decretos que autorizam o uso do nome social em diversas instituições. Em âmbito federal, por exemplo, a primeira regulamentação oficial do uso do nome social ocorreu em 2010, com a edição da Portaria nº 233/2010 do Ministério do Planejamento, Orçamento e Gestão. Através dela, foi garantido aos servidores públicos transgêneros o direito de se utilizar do nome social nas comunicações internas e externas dos órgãos públicos federais, inclusive para a criação de endereço eletrônico funcional, crachás e *logins* de informática. Há ainda, o Decreto nº 8.727/2016, que prevê o uso do nome social e o reconhecimento da identidade de gênero de pessoas travestis e transexuais no âmbito da administração pública federal direta, autárquica e fundacional, assim como a Ordem dos Advogados do Brasil (OAB), por meio da Resolução nº 5/2016, determina a inclusão do nome social no registro da Ordem (carteira impressa e registros *online*) e nos sistemas da OAB no país inteiro.

No âmbito educacional, as escolas e universidades vêm efetivando o reconhecimento ao nome social em todo o território nacional. Ser chamado pelo nome social é um meio de inclusão na escola, mas ser tratado pelo nome pelo qual não se reconhece poderá acarretar ao indivíduo trans* vergonha, constrangimento e exclusão deste ambiente educacional.

Com o objetivo de erradicar a discriminação, exclusão e efetivar a permanência de pessoas trans* nas instituições de ensino, o Conselho Nacional de Combate à Discriminação e Promoção dos Direitos das Lésbicas, Gays, Bissexuais, Travestis e Transexuais – CNCD/LGBT editou a Resolução nº 12/2015, formulando orientações quanto ao reconhecimento institucional da identidade de gênero e sua operacionalização. Logo em seu artigo 1º, há o dever das instituições e redes de ensino, em todos os níveis e modalidades, de garantir "o reconhecimento e adoção do nome social àqueles e àquelas cuja identificação civil não reflita adequadamente sua identidade de gênero, mediante solicitação do próprio interessado" (CNCD/LGBT, 2015).

Em 2016, foi promulgado o Decreto nº 8.727/2016, que dispõe sobre "o uso do nome social e o reconhecimento da identidade de gênero de pessoas travestis ou transexuais no âmbito da administração pública federal direta, autárquica e fundacional" (BRASIL, 2016). Vale salientar que esta medida protetiva apenas direciona no âmbito administrativo das organizações supramencionadas no decreto, não tendo, por exemplo, força para alterar o aspecto civil no que se refere a direitos mais abrangentes e à alteração de documentos como registro civil ou carteira de identidade.

Em 2017, a Secretaria de Educação de Pernambuco, através de sua Instrução Normativa nº 02/2016, instituiu que o nome social das crianças e adolescentes transexuais, através de autorização por escrito dos pais ou responsáveis, deverá acompanhar o nome civil em todos os registros internos da instituição de ensino, incluindo matrículas, fichas de frequência e cadernetas eletrônicas. Além disso, o Exame Nacional do Ensino Médio (ENEM) já vem reconhecendo, desde 2015, a utilização do nome social dos transexuais na realização das provas.

Em janeiro de 2018, foi homologada a Resolução nº 1 pelo Conselho Nacional de Educação – Ministério da Educação, a qual autoriza o uso do nome social de travestis e transexuais nos registros escolares da educação básica. No caso de alunos menores de 18 anos, esta solicitação deve ser apresentada durante a matrícula ou a qualquer momento por meio de seus representantes legais.

Ainda, em fevereiro de 2018, foi publicado o Decreto nº 9.278/2018, que visa estabelecer "os procedimentos e os requisitos para a emissão de Carteira de Identidade por órgãos de identificação dos Estados e do Distrito Federal" (BRASIL, 2018). Ressalta-se aqui o artigo 8º, XI deste decreto, no qual abre-se a possibilidade da inclusão do uso do nome social na nova Carteira de Identidade. Para que isto aconteça, é preciso ser feito um requerimento escrito pelo interessado, não havendo necessidade de exigência de documentação comprobatória nem prejuízo de menção à identificação do registro civil no verso da Carteira.

Há de se perceber, no Brasil, que o respeito à identidade de gênero se dá através do uso do nome social. Universidades, escolas, autarquias, fundações e outras esferas públicas aprovam regulamentos e resoluções que garantem às pessoas transgênero a utilização do nome social. Contudo, como já foi dito anteriormente, o nome social não substitui o nome no registro civil. Dessa forma, por exemplo, uma estudante transexual terá seu nome feminino na chamada escolar, mas no mercado de trabalho e em qualquer outra situação da vida terá que continuar se submetendo a todas as situações humilhantes e portar documentos oficiais com o nome de registro, estando ele em completa discordância com sua identidade de gênero (BENTO, 2014, p. 175).

Além disso, mesmo apresentando a carteira do nome social, este "não tem evitado que esses sujeitos sejam submetidos a situações constrangedoras diante da impossibilidade de utilização da carteira de nome social sem que outros documentos oficiais com o nome de registro sejam igualmente apresentados" (HATJE; RIBEIRO; MAGALHÃES, 2019, p. 129).

> Entrevistador: Muita gente fala que quando apresenta a carteira de nome social eles pedem junto a carteira de identidade também?
> Noah: Sim. Então acaba que não vale de nada, mas dependendo das informações que eles pedem eu já mostro a carteira de nome social e já falo as outras informações para não ter que entregar a identidade, mas sempre pedem a outra (E). (HATJE; RIBEIRO; MAGALHÃES, 2019, p. 129).

Portanto, ainda que seja uma conquista válida e historicamente relevante, o uso do nome social funciona como uma espécie de gambiarra jurídica, permitindo que a pessoa transgênero se apresente socialmente sem passar pelo constrangimento de se expor por um nome que não corresponde ao seu gênero. Portanto, torna-se evidente que a retificação do prenome e do gênero no registro civil de pessoas transgênero seja necessária para que haja a efetiva identificação do indivíduo não só na sociedade, mas também consigo mesmo, evitando assim qualquer forma de ridicularização ou discriminação.

4.1.2 A (i)mutabilidade do nome: uma breve evolução histórica quanto à possibilidade de retificação do prenome e do gênero no registro civil em razão da transgeneridade

O processo de retificação do nome foi desburocratizado e teve sua legitimidade reforçada a partir de uma nova interpretação dada ao artigo 58 da Lei de Registros Públicos, decidida pelo STF no julgamento da ADI nº 4.275 em 2018. Essa conquista somente foi possível após anos de luta em busca de proteção de direitos desta parcela da população, como será visto a seguir.

Inicialmente, nos anos 1990, predominava o entendimento de que, mesmo sendo realizada a cirurgia de transgenitalização, a pessoa transexual não poderia alterar o seu prenome e gênero no registro civil sob o argumento de que isso poderia "permitir o casamento homossexual" e "que a cirurgia seria meramente plástico-estético, não 'mudando o sexo' da pessoa pela permanência de seus cromossomos e que quaisquer constrangimentos que a pessoa sofresse seriam decorrentes de sua 'escolha' pela cirurgia" (VECCHIATTI, 2019, p. 316).

Sob esse contexto, o Supremo Tribunal Federal (STF) negou o direito da atriz e modelo Roberta Close de mudar seus documentos. Contudo, o processo em questão, por ser de jurisdição voluntária, não forma a chamada coisa julgada material, sendo possível o ingresso de uma nova ação (VECCHIATTI, 2019). Foi o que aconteceu em 2005, quando Roberta Close obteve sentença favorável, conseguindo alterar seu nome e gênero no Cartório de Registro Civil.

Em algum momento da primeira década dos anos 2000, o entendimento jurisprudencial se firmou no sentido de que era possível a alteração tanto do prenome quanto do gênero da pessoa no registro civil, mas desde que fosse realizada a cirurgia de transgenitalização.

Desde então, a discussão existente passou a ser sobre a possibilidade ou não de alterar o prenome e o gênero da pessoa transgênero no registro civil mesmo sem a cirurgia. Alguns julgados deferiam apenas a mudança do prenome, independentemente de cirurgia, outros permitiam a mudança enquanto não finalizadas todas as "etapas" em andamento. Contudo, ainda era bastante minoritária a jurisprudência neste sentido.

A título exemplificativo, tem-se o julgado de 2005 pelo Tribunal de Justiça do Estado do Rio Grande do Sul (TJRS) que concedeu a mudança de gênero sexual a uma pessoa sem que ela tivesse completado todas as etapas cirúrgicas:

APELAÇÃO CÍVEL. ALTERAÇÃO DO NOME E AVERBAÇÃO NO REGISTRO CIVIL. TRANSEXUALIDADE. CIRURGIA DE TRANSGE-NITALIZAÇÃO. *O fato de o apelante ainda não ter se submetido à cirurgia para a alteração de sexo não pode constituir* óbice *ao deferimento do pedido de alteração do nome.* Enquanto fator determinante da identificação e da vinculação de alguém a um determinado grupo familiar, *o nome assume fundamental importância individual e social.* Paralelamente a essa conotação pública, não se pode olvidar que o nome encerra fatores outros, de ordem eminentemente pessoal, na qualidade de direito personalíssimo que constitui atributo da personalidade. Os direitos fundamentais visam à concretização do princípio da dignidade da pessoa humana, o qual atua como uma qualidade inerente, indissociável, de todo e qualquer ser humano, relacionando-se intrinsecamente com a autonomia, razão e autodeterminação de cada indivíduo. Fechar os olhos a esta realidade, que é reconhecida pela própria medicina, implicaria infração ao princípio da dignidade da pessoa humana, norma esculpida no inciso III do art. 1º da Constituição Federal, que deve prevalecer à regra da imutabilidade do prenome. (BRASIL. Tribunal de Justiça do Rio Grande do Sul. Apelação Civil nº 70011691185, Des. Rel. Maria Berenice Dias, DJ 15.09.2005, grifo nosso)

Tal entendimento seguiu-se posteriormente, naquele mesmo tribunal, em hipótese semelhante, em que outra pessoa ainda estava em tratamento para alteração das características físicas não tendo sido, ainda, realizada a cirurgia definitiva de implementação do pênis. Segundo a *ratio decidendi* do TJRS, "deve prevalecer o sexo psicológico sobre a sexualidade meramente anatômica".

> PEDIDO DE ALTERAÇÃO DE REGISTRO DE NASCIMENTO EM RELAÇÃO AO SEXO. TRANSEXUALISMO. IMPLEMENTAÇÃO DE QUASE TODAS AS ETAPAS (TRATAMENTO PSIQUIÁTRICO E INTERVENÇÕES CIRÚRGICAS PARA RETIRADA DE ÓRGÃOS). DESCOMPASSO DO ASSENTO DE NASCIMENTO COM A SUA APARÊNCIA FÍSICA E PSÍQUICA. RETIFICAÇÃO PARA EVITAR SITUAÇÕES DE CONSTRANGIMENTO PÚBLICO. POSSIBILIDADE DIANTE DO CASO CONCRETO. AVERBAÇÃO DA MUDANÇA DE SEXO EM DECORRÊNCIA DE DECISÃO JUDICIAL. REFERÊNCIA NA EXPEDIÇÃO DE CERTIDÕES. *É possível a alteração do registro de nascimento relativamente ao sexo em virtude do implemento de quase todas as etapas de redesignação sexual,* aguardando o interessado apenas a possibilidade de realizar a neofaloplastia. Recurso provido por maioria. (BRASIL. Tribunal de Justiça do Rio Grande do Sul. Apelação Cível nº 70019900513, Des. Rel. Claudir Fidélis Faccenda, DJ 11.03.2008, grifo nosso)

A partir da segunda década dos anos 2000, começou a se consolidar a evolução jurisprudencial no sentido de reconhecer o direito das pessoas transexuais de alterarem nome e gênero em seus registros, como se pode ver nos exemplos a seguir:

> APELAÇÃO CÍVEL. RETIFICAÇÃO DE REGISTRO CIVIL. TRANSGÊNERO. MUDANÇA DE NOME E DE SEXO. AUSÊNCIA DE CIRURGIA DE TRANGENITALIZAÇÃO. Constatada e provada a condição de transgênero da autora, é dispensável a cirurgia de transgenitalização para efeitos de *alteração de seu nome e designativo de gênero no seu registro civil de nascimento.* A condição de transgênero, por si só, já evidencia que a pessoa não se enquadra no gênero de nascimento, sendo de rigor que a sua real condição seja descrita em seu registro civil, tal como ela se apresenta socialmente DERAM PROVIMENTO. UNÂNIME.

(BRASIL. Tribunal de Justiça do Rio Grande do Sul. Apelação Cível nº 70057414971, Oitava Câmara Cível, Relator: Rui Portanova, Julgado em 05.06.2014, grifo nosso)

RETIFICAÇÃO DE ASSENTO DE NASCIMENTO. ALTERAÇÃO DO NOME E DO SEXO. TRANSEXUAL. INTERESSADO NÃO SUBMETIDO À CIRURGIA DE TRANSGENITALIZAÇÃO. PRINCÍPIO CONSTI-TUCIONAL DA DIGNIDADE DA PESSOA HUMANA. CONDIÇÕES DA AÇÃO. PRESENÇA. INSTRUÇÃO PROBATÓRIA. AUSÊNCIA. SENTENÇA CASSADA. *O reconhecimento judicial do direito dos transexuais à alteração de seu prenome conforme o sentimento que eles têm de si mesmos, ainda que não tenham se submetido à cirurgia de transgenitalização, é medida que se revela em consonância com o princípio constitucional da dignidade da pessoa humana.* Presentes as condições da ação e afigurando-se indispensável o regular processamento do feito, com instrução probatória exauriente, para a correta solução da presente controvérsia, impõe-se a cassação da sentença. (BRASIL. Tribunal de Justiça de Minas Gerais. Apelação Cível nº 10521130104792001 MG, Des. Rel. Edilson Fernandes, DJ 07.05.2014, grifo nosso)

Em 2009, a Procuradoria Geral da República (PGR) apresentou ação no STF (ADI 4.275) pleiteando a mudança de nome e de gênero de transexuais no registro civil, independentemente de cirurgia de rede-signação de sexo, desde que houvesse laudos exigidos pelo Conselho Federal de Medicina para a realização da cirurgia.

Em 2014 chegou ao STF um recurso extraordinário (RE nº 670.422/ RS) de um homem trans* contra decisão do TJRS, cuja sentença havia permitido a mudança do seu prenome, mas não de seu gênero no regis-tro civil. A repercussão geral do recurso foi reconhecida no mesmo ano.

Enquanto essas duas ações não eram decididas pelo STF, as pessoas trans* continuavam dependentes do julgamento dos juízes que, apesar de proferirem julgados favoráveis à averbação do registro civil dessas pessoas, na grande maioria das vezes enunciavam, a partir de um lugar ideologicamente marcado, discursos heterogêneos e dispersos. Dessa maneira, esses indivíduos passavam a depender da discriciona-riedade de cada juiz para ter o seu direito de identidade reconhecido.

APELAÇÃO CÍVEL. AÇÃO DE RETIFICAÇÃO DE REGISTRO CIVIL. SENTENÇA QUE EXTINGUIU O FEITO SEM RESOLUÇÃO DO MÉRITO POR FALTA DE INTERESSE DE AGIR. INTERESSADO QUE AINDA NÃO REALIZOU A CIRURGIA DE NEOVAGINOPLASTIA. IMPOSSIBILIDADE. CARÊNCIA DE AÇÃO. SENTENÇA QUE DEVE SER MANTIDA. O Apelante pleiteia alteração do nome e de sexo no registro civil, afirmando que desde tenra idade, apesar da conformação genital masculina, psicologicamente se sente mulher, fazendo-se tornar conhecido pelo prenome de Milena. *Todavia, o recorrente ainda não se submeteu à cirurgia de mudança de sexo, o que não permite alteração do nome e do sexo em seu registro civil.* Precedentes jurisprudenciais. SENTENÇA MANTIDA. Recurso NÃO provido. (BRASIL. Tribunal de Justiça da Bahia. APL 03683226420128050001 BA 0368322-64.2012.8.05.0001, Des. Rel. José Olegário Monção Caldas, DJ 15.10.2013, grifo nosso)

RETIFICAÇÃO DE REGISTRO CIVIL – Pedido de alteração de nome e sexo – Possibilidade apenas em relação ao nome – Pessoa que apesar de não submetida à cirurgia de transgenitalização, se apresenta na sociedade como do sexo feminino – Nome masculino que lhe acarreta constrangimentos e aborrecimentos – *Admitida a alteração do nome, negada a alteração para constar ser do sexo oposto – Observância do princípio de veracidade do registro público – Recurso parcialmente provido.* (BRASIL. Tribunal de Justiça de São Paulo. APL 320109120108260602 SP 0032010-91.2010.8.26.0602, Des. Rel. Mendes Pereira, DJ 28.11.2012, grifo nosso)

O problema se agrava quando envolve uma criança ou adolescente transgênero. Com a burocracia e a morosidade nos processos judiciais, o desenvolvimento psicológico desses indivíduos é prejudicado. Além disso, a existência da insegurança jurídica piora ainda mais a situação da criança e do adolescente, tendo em vista dependerem da sensibilidade dos magistrados para terem acesso aos seus direitos em razão das lacunas legislativas.

Em virtude da morosidade, o julgamento do Recurso Extraordinário nº 670.422/RS só teve início efetivo no dia 22 de novembro de 2017. Ainda no mesmo ano, uma nova decisão do Superior Tribunal de Justiça (STJ) possibilitou a retificação de registro civil de transexuais independentemente de cirurgia de transgenitalização, na qual declarou que a jurisprudência "deve evoluir para alcançar também os transexuais não operados, conferindo-se assim a máxima efetividade ao princípio constitucional da promoção da dignidade da pessoa humana (...)" (BRASIL, 2017), motivo pelo qual a retificação de prenome e gênero de transexuais no registro civil deve ser deferida para que sejam:

Resguardados os direitos fundamentais das pessoas transexuais não operadas à dignidade (tratamento social de acordo com sua identidade de gênero), à liberdade de desenvolvimento e de expressão da personalidade humana (sem indevida intromissão estatal), ao reconhecimento perante a lei (independentemente da realização de procedimentos médicos), à intimidade e à privacidade (proteção das escolhas da vida), à igualdade e à não discriminação (eliminação de desigualdade fáticas que venham a colocá-los em situação de inferioridade), à saúde (garantia do bem-estar biopsicofísico) e à felicidade (bem-estar geral). (BRASIL. Superior Tribunal de Justiça. RESP 1.626.739 RS. 4ª Turma, Rel. Min. Luís Felipe Salomão. DJE 01-08-2017.)

No dia 1º de março de 2018, a ADI nº 4.275 foi julgada procedente pelo STF, sendo reconhecido "aos transgêneros que assim o desejarem, independentemente da cirurgia de transgenitalização, ou da realização de tratamentos hormonais ou patologizantes, o direito à substituição de prenome e sexo diretamente no registro civil" (BRASIL, 2018). Sendo assim, no dia 15 de agosto do mesmo ano, o RE 670.422/RS foi julgado, dando também reconhecimento aos transgêneros pelo direito à alteração do prenome e do gênero no registro civil, os quais poderão exercê-lo pela via judicial como diretamente pela via administrativa, bastando apenas a sua manifestação de vontade.

4.2 Ação Direta de Inconstitucionalidade nº 4.275/DF

Como não há leis específicas que regulamentem os direitos da comunidade LGBTQIA+, esses indivíduos se submetem ao Poder Judiciário com o intuito de atender às suas demandas. É claro que cada caso concreto dependerá do critério do juiz ao decidir a questão, havendo, portanto, situações em que o direito será aplicado e situações em que não será, provocando, assim, certa insegurança jurídica.

Mesmo com o grande avanço das Cortes Superiores quanto ao reconhecimento dos direitos da população transgênero, cada vez mais se comprova a necessidade de o legislador regulamentar tais direitos, pois, por mais que uma decisão judicial seja importante, ela não tem força de lei, ficando essa parcela da população dependendo de uma tutela jurídica discricionária. O Poder Judiciário não substitui o Poder Legislativo, mas apenas cumpre o seu dever de julgar e, na medida do possível, suprir as lacunas no sistema legal, exercendo sua função contramajoritária. Além disso, "consagrar os direitos em regras legais certamente é a maneira mais eficaz de derrubar preconceitos" (DIAS, 2017, p. 41).

O Poder Legislativo tem como função elaborar normas de direito de abrangência geral ou individual, sendo aplicadas a toda a sociedade e, por conseguinte, tem a obrigação de proteger o direito de todos os cidadãos, principalmente daqueles que se encontram em situação de vulnerabilidade. Entre os segmentos sociais vulneráveis, há as travestis e os transexuais que, por serem alvos de perseguição religiosa e preconceito social, ficam sujeitos à marginalização e à exclusão, merecendo, assim, uma tutela protetiva diferenciada e mais atenta para terem seus direitos reconhecidos.

Todavia, quando se busca a proteção legal desses indivíduos, a omissão do Poder Legislativo é real. Além de serem reféns da invisibilidade, acabam sendo alvos de práticas transfóbicas, sendo colocados em situação de extrema vulnerabilidade social. A orientação sexual e a identidade de gênero são alvos do descaso do legislador.

Diversos projetos de lei já foram criados e apresentados, mas são arquivados, desarquivados ou apensados. Há projetos que são arquivados sem sequer serem submetidos à votação ou, ainda, quando não são aprovados e o relator não é reeleito, existe todo um processo para que aquele projeto seja desarquivado e apresentado por outro relator. Em suma, é um processo lento e moroso, principalmente quando não há interesses predominantes por trás.

A título de exemplo, existe o Projeto de Lei (PL) nº 5.002 de 2013, de autoria dos então deputados Jean Wyllys e Érica Kokay. O projeto, intitulado Lei João W. Nery[30] ou Lei de Identidade de Gênero, tinha como objetivo dispor sobre o direito à identidade de gênero, alterando o art. 58 da Lei nº 6.015 de 31 de dezembro de 1973. Entre os direitos que seriam protegidos por este projeto de lei, estavam o direito à identidade de gênero, direito à cirurgia de transgenitalização, o direito ao nome social, e o direito à retificação do prenome e do sexo no registro civil. Quanto a este último, seriam os requisitos básicos para a solicitação da retificação registral: ser maior de 18 anos; apresentar uma solicitação escrita manifestando o desejo de realizar a retificação; e expressar os novos prenomes. Mesmo tendo o civilmente capaz como um dos requisitos básicos, este projeto não excluía as crianças e adolescentes transgênero (absolutamente e relativamente incapazes), cuja

---

[30] João W. Nery foi o primeiro homem transexual a realizar a cirurgia de transgenitalização no Brasil em 1977. "Para driblar uma lei que lhe negava o direito a ser ele mesmo, João teve que renunciar a tudo: sua história, seus estudos, seus diplomas, seu currículo (…). O presente projeto de lei, batizado com o nome de João Nery, numa justa homenagem a ele, tem por finalidade garantir que isso nunca mais aconteça. Se aprovado, garantirá finalmente o respeito do direito à identidade de gênero, acabando para sempre com uma gravíssima violação dos direitos humanos que ainda ocorre no Brasil, prejudicando gravemente a vida de milhares de pessoas." (WILLYS; KOKAY, 2013)

solicitação deveria ser feita através "dos representantes legais e com a expressa conformidade de vontade da criança ou adolescente, levando em consideração os princípios de capacidade progressiva e interesse superior da criança" (BRASIL, 2013, [s.p.]).

Além disso, quando, por qualquer razão, fosse negado ou não fosse possível obter o consentimento de um dos representantes, a criança ou o adolescente poderiam recorrer à assistência da Defensoria Pública para autorização judicial, considerando os princípios da capacidade progressiva e do interesse superior da criança. O projeto descreve ainda como seria o trâmite de retificação do prenome e do sexo nos Cartórios de Registro Civil de Pessoas Naturais. Nos novos documentos, ficaria proibida qualquer referência à identidade anterior, salvo com autorização por escrito do interessado. Ainda, o procedimento seria gratuito, sigiloso, pessoal e não seria necessária a intermediação de advogado. Qualquer publicidade quanto à mudança só seria permitida se houvesse a autorização do titular dos dados.

Este PL representaria um grande avanço para a população transgênero caso fosse aprovado e entrasse em vigor. Contudo, a Lei da Identidade de Gênero infelizmente foi arquivada em 31 de janeiro de 2019, nos termos do artigo 105 do Regimento Interno da Câmara dos Deputados (fim da legislatura). Em suma, passaram-se seis anos desde sua apresentação no Plenário da Câmara dos Deputados, para que este importante projeto fosse simplesmente ser esquecido e, então, arquivado. Assim, este exemplo reflete bastante uma das várias realidades da morosidade do Legislativo.

Além dessa lentidão do legislador, há ainda o prevalecimento do discurso religioso de viés fundamentalista de uma bancada extremamente conservadora no Congresso Nacional que impede que o parlamento promova avanços legislativos que atendam ao conjunto da sociedade brasileira. De acordo com a Constituição Federal, o Brasil é um país laico, ou seja, visa à separação entre a esfera pública do Estado e a vida privada. Assim, "o espaço público não pode ser usurpado por nenhum cidadão ou grupo de cidadãos para fazer valer suas ideias e convicções sobre a coletividade" (KOKAY, 2019). Entretanto, essa laicidade do Estado é rompida diariamente pela forte influência do fundamentalismo LGBTfóbico no Parlamento brasileiro, pois os fundamentalistas se utilizam de ideias conservadoras com preceitos que são contrários ao Estado Democrático de Direito. Há uma sobreposição da moral religiosa à ordem constitucional do Congresso Nacional.

De acordo com a deputada federal Erika Kokay:

> Para os *parlamentares fundamentalistas*, não importam as leis, a Constituição, o interesse público. Eles partem do pressuposto de que sua visão de mundo, sua forma de amar, sua igreja e suas ideias são universais. Afirmam seus valores a partir da negação do outro. Negam, por exemplo, a existência da pluralidade e da diversidade humana. (KOKAY, 2019, grifo nosso)

Essa intenção universalista é bastante atentatória contra os direitos humanos, pois ao "legislar tomando o seu mundo como a totalidade dos mundos, hierarquizam seres humanos e definem de modo absolutamente discriminatório quem tem o direito de ser e de amar e quem não tem" (KOKAY, 2019).

Um exemplo deste conservadorismo é a tentativa da implementação da PL nº 7.180/2014, conhecida como Escola sem Partido, criada pelo então deputado federal Erivelton Santana (PATRI-BA). Este projeto visa "dar precedência aos valores de ordem familiar sobre a educação escolar nos aspectos relacionados à educação moral, sexual e religiosa" (BRASIL, 2014). Com isso, o uso dos termos e expressões "orientação sexual" e "identidade de gênero" seria praticamente proibido nas salas de aula, barrando, assim, discussões sobre o assunto.

Com o Legislativo omisso e desinteressado em atender às necessidades dos grupos sociais, em especial das minorias, o Supremo Tribunal Federal (STF) passa a ganhar um maior destaque na atuação contramajoritária e representativa. Cabe ao guardião da Constituição fornecer a melhor interpretação possível dos dispositivos constitucionais para atender às demandas sociais que foram ignoradas pelo Legislativo.

Sob esse contexto, no dia 21 de julho de 2009, a Procuradoria Geral da República (PGR) apresentou uma ação direta de inconstitucionalidade (ADI nº 4.275) ao STF, pleiteando o reconhecimento do direito à retificação de prenome e sexo de indivíduos transexuais[31] diretamente no registro civil, independentemente da cirurgia de transgenitalização.

Importa destacar que, naquele período, as pessoas trans* já demandavam o Poder Judiciário, em primeira e segunda instâncias, para retificar o seu nome e gênero. Entretanto, como não existia uma legislação específica sobre o tema, os processos ocorreriam de uma

---

[31] Como será visto mais adiante, a PGE limitou-se apenas às pessoas transexuais em sua petição inicial, excluindo, portanto, as travestis.

forma bastante morosa e violenta – essas pessoas eram obrigadas a se submeter a avaliações psiquiátricas e até mesmo a realizar perícias médicas para comprovação de cirurgias.

No caso em tela, a PGR buscava que fosse conferida ao artigo 58 da Lei de Registros Públicos (Lei nº 6.015/1973) a atribuição da interpretação conforme à Constituição e ao Pacto de San José de Costa Rica. Segundo esse dispositivo questionado, "o prenome será definido, admitindo-se, todavia, a sua substituição por apelidos públicos notórios" (BRASIL, 1973, art. 58). Então, caso fosse dada a interpretação em consonância com os artigos 1º, inciso III, 3º, inciso IV, e 5º, *caput* e inciso X, da Carta Magna, seria direcionada a possibilidade de o transexual alterar tanto o seu prenome como o seu gênero diretamente no registro civil.

A Procuradoria sustentou sua tese se utilizando também do direito comparado, com a afirmativa de ter o Tribunal Europeu de Direitos do Homem entendido que a recusa em autorizar a retificação de certidão de nascimento de transexual ofenderia a garantia à vida privada prevista na Convenção Europèia de Direitos Humanos, ponderando, ainda, que a configuração da transexualidade não dependeria de um procedimento cirúrgico. Além disso, a PGR fez menção ao Tribunal Constitucional Federal alemão, o qual condicionou a alteração no registro civil sem a cirurgia "à faixa etária (desde que fosse maior de 18 anos), à convicção, há três anos, de pertencer ao gênero oposto ao biológico e à aferição da observância dos requisitos por grupo de especialistas" (BRASIL, 2018, p. 5). A requerente salientou, por fim, que a não declaração do direito em jogo iria expor os transexuais a danos gravíssimos, pois "impor a uma pessoa a manutenção de um nome em descompasso com a sua identidade é a um só tempo, atentatório à sua dignidade e comprometedor de sua interlocução com terceiros, nos espaços públicos e privados" (BRASIL, 2018, p. 17).

Quando protocolou a ação, a Procuradoria esclareceu, ainda, que, caso o indivíduo não optasse pela cirurgia de transgenitalização, haveria a fixação dos seguintes requisitos para a conclusão da alteração do prenome e sexo no registro: "(i) idade superior a 18 anos; (ii) convicção, há pelo menos três anos, de pertencer ao gênero oposto ao biológico; e (iii) baixa probabilidade, de acordo com pronunciamento de grupo de especialistas, de modificação da identidade de gênero" (BRASIL, 2018, p. 6). É útil lembrar que, nesta época, ainda não tinha sido aprovada a Lei de Identidade de Gênero Argentina, declarada o marco paradigmático mundial sobre o tema, portanto, a tese da PGR pode ser considerada bastante progressista naquele momento.

Previamente ouvido, o Presidente da República à época do caso, Luiz Inácio Lula da Silva, manifestou-se pela procedência do pedido, mas "desde que a retificação do registro público não implique a eliminação do registro originário que consigna o gênero e o prenome anteriores" (BRASIL, 2018, p. 17). Em seguida, a Câmara dos Deputados afirmou que não havia informações a serem prestadas.

O Senado Federal opinou pela improcedência do pedido, pois seria mais favorável "viabilizar a alteração do prenome e do sexo civil tão somente aos transexuais redesignados, caso em que se preservam equilibradamente interesses públicos e privados" (BRASIL, 2018, p. 17), e que essa possibilidade já estava contemplada pelo art. 57 da Lei de Registros Públicos, afirmando, ainda, que o Poder Judiciário não poderia atuar como legislador positivo. A Advocacia-Geral da União, por sua vez, manifestou-se pelo não conhecimento da ação, mas, caso conhecida, posicionou-se pela parcial procedência da ação, desde que fossem mantidos no registro civil os dados anteriores à mudança.

Como forma de pluralizar o debate constitucional foram admitidos como *amici curiae*: o Conselho Federal de Psicologia; o Grupo de Advogados pela Diversidade Sexual/GADvS; a Associação Brasileira de Lésbicas, Gays, Bissexuais, Travestis e Transexuais/ABGLT; o Centro Latino-Americano em Sexualidade e Direitos Humanos/CLAM; o Laboratório Integrado em Diversidade Sexual e de Gênero, Políticas e Direitos/LIDIS; o Grupo Dignidade – Pela Cidadania de Gays, Lésbicas e Transgêneros, o Instituto Brasileiro de Direito de Família/IBDFAM; e a Defensoria Pública da União/DPU.

Apesar de ter sido peticionada em 2009, o julgamento da ADI 4.275/ DF somente teve início em 7 de junho de 2017, quando foi lido o relatório e realizadas as sustentações orais em sessão do Plenário do STF. Neste dia, história foi feita com a primeira sustentação oral de uma advogada transgênero no Supremo Tribunal Federal, pela ativista Gisele Alessandra Schmidt e Silva, que representou o Grupo Dignidade – Pela Cidadania de Gays, Lésbicas e Transgêneros.

No julgamento, a advogada Gisele disse ser uma sobrevivente de uma realidade em que a maioria das transexuais e das travestis morrem apedrejadas.

> Sinto que estou fazendo história, mas se estou aqui perante Vossas Excelências é porque sou sobrevivente. Sobrevivi ao apedrejamento moral

e físico, à proibição de estar na rua e nos espaços públicos mesmo à luz do dia, à mendicância e ao sepultamento como indigente, como acontece com a maioria das pessoas trans brasileiras sem que, nem mesmo neste momento tão extremo de morte, tenham merecido respeito ao nome e ao gênero com o qual se identificam (SCHMIDT, 2017).[32]

Por não existir no ordenamento jurídico brasileiro uma regulação do procedimento de retificação do prenome e do gênero para as pessoas trans*, elas dependem de diversos tipos de interferências e condicionamentos para alcançar este direito. Em sua sustentação oral, a advogada Gisele explicou que, muitas vezes, a justiça permite a mudança do prenome, mas não permite a mudança do designativo do gênero, e é exigido um laudo médico que ateste a existência de um transtorno mental. Para a justiça, a pessoa trans* é uma pessoa doente e ela tem que provar esta condição. A ativista disse ainda que, quando os indivíduos trans* são ouvidos pelo Judiciário e pelo Ministério Público, suas memórias e intimidades são escrutinadas através de fotografias que demonstrem ser quem eles dizem ser. "Tudo para provar que nossa identidade não é o delírio", declarou Gisele.

A advogada, então, sustentou pelo direito de retificação do prenome e do sexo das pessoas trans* sem a necessidade de cirurgia de transgenitalização e sem as condicionantes propostas pela PGR, isto é, a idade mínima de 18 anos, a convicção de pertencer ao sexo oposto com o prazo mínimo de três anos e a condição atestada por um grupo de especialistas, que avaliam aspectos psicológicos, médicos e sociais. "Negar uma pessoa o direito ao nome e a expressão de sua identidade é negar o direito de existir", afirmou a ativista.

Depois de realizadas as sustentações orais, o julgamento teve início efetivo no dia 22 de novembro de 2017. Vale observar que na mesma época do julgamento um Recurso Extraordinário – RE nº 670.422/ RS – de 2014 sobre o mesmo tema e com repercussão geral também aguardava decisão. Sobre este recurso é necessário abrir um parêntese. Em síntese, ele tinha sido interposto contra o acórdão do Tribunal de Justiça do Rio Grande do Sul, que havia permitido a mudança do prenome de um homem trans* no registro civil, mas não a mudança da designação

---

[32] O vídeo completo da sustentação oral de Gisele Alessandra Schmidt e Silva encontra-se no sítio do Facebook, disponível em: https://th-th.facebook.com/justificando/videos/sustenta%C3%A7%C3%A3o-oral-hist%C3%B3rica-de-gisele-alessandra-schmidt-e-silva/1441586879266479/. Acesso em: 20 ago. 2020.

do seu sexo. Ao interpor o recurso, o recorrente afirmou que a deliberação do STF repercutiria não só na sua esfera jurídica, como também de todas as pessoas trans* que buscassem adequar sua designação de sexo à sua identidade de gênero, mesmo sem a realização do procedimento cirúrgico de transgenitalização, "aduzindo que o que se busca é um precedente histórico de enorme significado e repercussão, não só jurídica, mas também de inegável repercussão social" (BRASIL, 2014, p. 4).

No dia do julgamento foram proferidos cinco votos a favor do provimento do recurso para o reconhecimento do direito à mudança de nome e sexo de pessoas transexuais independentemente de cirurgia de transgenitalização, quando o Ministro Marco Aurélio pediu vista do processo para que fosse possível o julgamento conjunto com a ADI 4.275/DF, pois tratava do mesmo tema, com objeto mais amplo. O julgamento da ADI 4.275 foi, então, suspenso e acabou sendo retomado nos dias 28 de fevereiro e 1º de março de 2018. Inexplicavelmente, não houve julgamento conjunto e o RE 670.422/RS só foi julgado meses depois, no dia 15 de agosto de 2018.

Insta salientar que, após o voto do Ministro Dias Toffoli no RE nº 670.422/RS, a advogada do recorrente, Maria Berenice Dias, subiu à Tribuna para, em questão de ordem, requerer que o STF decidisse os direitos não só dos transexuais, mas dos transgêneros, "termo de significado técnico preciso, que abarca transexuais e travestis, esclarecendo a Ilustre Advogada que já há decisões judiciais positivas também para mudança de nome e sexo de pessoas travestis, também independente de cirurgia de transgenitalização" (VECCHIATTI, 2019, p. 1). Entendendo a pertinência da questão, Toffoli sugeriu que fosse feito um memorial esclarecendo a importância do termo. Então o Grupo de Advogados pela Diversidade Sexual e de Gênero (GADvS) e a Associação Brasileira de Lésbicas, Gays, Bissexuais, Travestis, Transexuais e Intersexos (ABGLT) não só peticionaram um memorial no processo do RE 670.422/RS, como também um no processo da ADI 4.275 /DF, por ser considerado um tema conexo e de extrema relevância a ação. Uma vez conceituando o termo transgênero de acordo com a Associação de Psicologia Americana e com a Opinião Consultiva nº 24 da Corte IDH, e ao explicitar a desnecessidade de cirurgia e de laudos de terceiros, foi requerido, no memorial, que a parte dispositiva da ADI figurasse da seguinte maneira:

> A pessoa transgênero que comprove sua identidade de gênero dissonante daquela que lhe foi designada ao nascer, por autoidentificação firmada em declaração escrita desta sua vontade, dispõe do direito fundamental subjetivo à alteração do prenome e da classificação de gênero no registro civil, pela via administrativa (art. 110 da Lei 6.015/73) ou judicial, independente de procedimento cirúrgico e laudos de terceiros, por se tratar de tema relativo ao direito fundamental ao livre desenvolvimento da personalidade. (VECCHIATTI, 2019, p. 10)

No dia 28 de fevereiro de 2018 o julgamento da ADI nº 4.275 foi retomado, sendo os votos proferidos em duas sessões, terminando, portanto, na tarde do dia 1º de março de 2018. Assim, com exceção do Ministro Dias Toffoli, que estava impedido de votar na ADI, todos os demais Ministros do STF decidiram, por unanimidade, o reconhecimento aos transgêneros que assim o desejarem, independentemente da cirurgia de transgenitalização ou outras intervenções médicas, o direito à substituição de prenome e sexo diretamente no registro civil. Não obstante, houve divergências quanto à apresentação ou não de prévia autorização judicial[33] para o feito em cartório. Assim, a maioria entendeu que não se fazia preciso, bastando apenas a averbação em cartório, através da autodeclaração e desde que a pessoa fosse maior de idade. Nesse ponto, ficaram vencidos os votos do Ministro Relator Marco Aurélio, que considerou necessário o procedimento de jurisdição voluntária e, em menor extensão, os Ministros Alexandre de Moraes, Ricardo Lewandowski e Gilmar Mendes, que exigiam autorização judicial para a alteração.

Portanto, a tese foi fixada na decisão da seguinte maneira:

> 1. O direito à igualdade sem discriminações abrange a identidade ou expressão de gênero. 2. A identidade de gênero é manifestação da própria personalidade da pessoa humana e, como tal, cabe ao Estado apenas o papel de reconhecê-la, nunca de constituí-la. 3. A pessoa transgênero

---

[33] Durante o julgamento, estava acontecendo um impasse entre os ministros, pois existiam três correntes de entendimento quanto aos critérios para efetivação da alteração do registro civil: i) a possibilidade da alteração do gênero no registro civil, desde que respeitados os requisitos para a configuração do "transexualismo", conforme ato normativo do Conselho Federal de Medicina (Portaria 1.652/2002); ii) a alteração de gênero no registro civil feita por via administrativa e pressupõe a autodeclaração do interessado (manifestação sobre o gênero com o qual verdadeiramente se identifica); iii) a possiblidade de modificação de gênero no registro civil da pessoa transgênero, mas desde que comprovada juridicamente sua condição, independentemente da realização de procedimento cirúrgico de redesignação de sexo.

que comprove sua identidade de gênero dissonante daquela que lhe foi designada ao nascer por autoidentificação firmada em declaração escrita desta sua vontade dispõe do direito fundamental subjetivo à alteração do prenome e da classificação de gênero no registro civil pela via administrativa ou judicial, independentemente de procedimento cirúrgico e laudos de terceiros, por se tratar de tema relativo ao direito fundamental ao livre desenvolvimento da personalidade. 4. Ação direta julgada procedente.

Com esta histórica decisão, que possui força de lei pelo efeito vinculante e eficácia *erga omnes* de ação de controle concentrado de constitucionalidade (art. 102, §2º da CF/88), o Brasil passa a se equiparar com a Argentina, em sua Lei de Identidade de Gênero, ao possibilitar a alteração do prenome e do gênero de pessoas transgênero diretamente no Cartório de Registro Civil, através da autodeclaração.

4.3 Análise do julgamento da ADI nº 4.275/DF

O julgamento da ADI nº 4.275 pelo Supremo Tribunal Federal representa uma grande vitória para as pessoas transgênero e a sua dignidade. É o resultado de anos de luta por reconhecimento e respeito. Assim, analisar criticamente o resultado da atividade do intérprete, que se traduz em seu voto, se torna bastante necessário no momento. A seguir serão feitas observações e análises acerca das linhas argumentativas adotadas pelos Ministros durante o julgamento da ADI, a partir de duas perspectivas: a da Corte Interamericana de Direitos Humanos e a de Judith Butler.

O Ministro Relator Marco Aurélio iniciou o seu voto destacando que não seria legítimo recusar a transexuais o direito à alteração do prenome e gênero no registro civil, solução diversa a essa apenas reforçaria o estigma que leva muitos indivíduos trans* à depressão, à prostituição e ao suicídio. Desta maneira, seria preciso legitimar a modificação do nome e do registro civil para permitir que a pessoa possa viver plenamente em sociedade, tal como se percebe.

Quanto às questões da forma e da publicidade da mudança do registro civil, o Ministro acolheu o pedido da Advocacia-Geral da União (AGU), e, desta forma, o nome e gênero seriam averbados, desde que fosse mantido o registro do estado anterior, pois a modificação do prenome e do gênero no registro civil "não pode ser justificativa para descontinuidade das informações registradas" (BRASIL, 2018, p. 15). Assim, mesmo após a alteração no registro civil, a pessoa continuaria responsável por atos praticados anteriormente, mas para não expor essas pessoas a constrangimentos ou preconceitos, só teriam acesso a essas informações terceiros de boa-fé que tivessem autorização judicial.

Considerou ainda que os fundamentos para autorização da mudança do registro civil seriam pautados na dignidade da pessoa humana e não no aspecto anatômico, qual seja, na submissão da cirurgia de transgenitalização. Ele explicou que há muitos trans* que não desejam realizar a cirurgia, pois, mesmo que não sintam prazer sexual, não sentem repulsa por seus órgãos genitais, e, em razão disso, seria juridicamente impossível o Estado "impor a mutilação àqueles que, tão somente, buscam a plena fruição de direitos fundamentais" (BRASIL, 2018, p. 13). O Estado deve estimular a diversidade na sociedade, promovendo uma convivência pacífica entre as pessoas, sem que haja pressão social nas escolhas dos indivíduos.

Apesar de reconhecer o direito de alteração do prenome e do gênero do registro civil das pessoas trans*, independentemente de cirurgia de transgenitalização, o Ministro relator Marco Aurélio trouxe alguns argumentos que divergem com a Opinião Consultiva nº 24/2017 da Corte IDH.

O Ministro, em seu voto, defendeu que nos casos em que não fosse realizada a cirurgia de transgenitalização, a mudança do assentamento só seria possível se fossem verificados previamente alguns requisitos técnicos para comprovar a transexualidade. Para ele, uma vez verificadas as condições, seria pressuposto "estar a pessoa em faixa etária condizente com o grau de amadurecimento necessário, bem assim diagnóstico de equipe médica especializada, em lapso temporal a revelar a definitividade da mudança" (BRASIL, 2018, p. 15). Desta maneira, seria necessário: 1) idade mínima de 21 anos; e 2) o diagnóstico médico de transgenitalismo, consoante os critérios do artigo 3º da Resolução nº 1.955/2010, do Conselho Federal de Medicina, por equipe multidisciplinar constituída por médico psiquiatra, cirurgião, endocrinologista, psicólogo e assistente social após, no mínimo, dois anos de acompanhamento conjunto. O Relator disse ainda que esses requisitos deveriam ser aferidos perante o Judiciário, através de um procedimento de jurisdição voluntária, com a participação do Ministério Público, observados os artigos 98 e 99 da Lei nº 6.015/1973.

Como já analisado na subseção 3.1, ao reconhecer a identidade de gênero autopercebida, a Corte IDH decidiu que o procedimento da mudança apenas se basearia no consentimento livre e informado da pessoa, independentemente de procedimento cirúrgico e sem a exigência de quaisquer requisitos, como certificações médicas e/ou psicológicas ou outras que podem ser irracionais ou patológicas. Portanto, estes requisitos defendidos pelo Ministro contrariam a decisão da Corte IDH, pois a exigência da realização de intervenções cirúrgicas, de terapias totais, parciais ou hormonais, esterilizações ou modificações corporais para provar a identidade de gênero viola o direito à integridade pessoal.

Ainda, ao definir idade mínima de 21 anos e, por conseguinte, excluir as crianças e adolescentes transgênero, o Ministro diverge da decisão da Corte, já que esses indivíduos são titulares dos mesmos direitos que os adultos, tendo o direito de se autodeterminar e de escolher as opções e circunstâncias que dão significado para a sua existência, como qualquer outra pessoa.

Além disso, não só há esta dissonância, mas também existe toda uma confusão no uso dos requisitos. Ao exigir as condicionantes da idade mínima de 21 anos e o diagnóstico médico, o ministro Marco Aurélio confunde os requisitos exigidos para a realização da cirurgia de transgenitalização da então revogada Resolução nº 1.955/2010 com requisitos para a retificação do registro civil, sendo estas duas questões autônomas e sem qualquer relação. E, para culminar, o critério de 21 anos torna-se ainda mais problemático, pois no Brasil este não é usado para definir a maioridade civil[34] desde a vigência do Código Civil de 2002, tornando inviável a justificativa dos 21 anos para a tomada de decisão, já que é a partir dos 18 anos que o indivíduo se torna plenamente capaz para a prática dos atos na vida civil.

Em seguida, o Ministro Alexandre de Moraes proferiu o seu voto pela procedência dos pedidos, acrescentando a importância de uma ampliação nessa interpretação para o reconhecimento dos direitos dos transgêneros, e não apenas dos transexuais, "já que toda questão de proteção à dignidade humana também afetaria no gênero, não na espécie, o gênero transgênero" (BRASIL, 2018, p. 22).

O ministro achou importante consignar que este reconhecimento não significaria que a menção ao sexo biológico do indivíduo seria suprimida em definitivo dos assentamentos registrários, pois, caso isso acontecesse, violaria necessidade básica de se atender ao trinômio

---

[34] Art. 5. A menoridade cessa *aos dezoito anos completos*, quando a pessoa fica habilitada à prática de todos os atos da vida civil. (BRASIL, 2002, art. 5, grifo nosso)

"autenticidade, segurança e eficácia" previsto na lei de Registros Públicos, assim como feriria o princípio da continuidade registral. Concordando com o relator Marco Aurélio, ele informou que a manutenção do assentamento original não prejudicaria os direitos do indivíduo interessado na alteração de seu prenome e de seu sexo no Registro Civil, "uma vez que anotações relativas a tais alterações não devem constar das certidões a serem expedidas, permanecendo disponíveis apenas para ele próprio, ou mediante ordem judicial" (BRASIL, 2018, p. 21).

Ele considerou a inexigibilidade de procedimento cirúrgico como condição para reconhecer a modificação de gênero nos assentos registrais utilizando o argumento de que a doutrina moderna e os ordenamentos jurídicos, inclusive em termos de direito comparado, são no sentido de dispensar a realização de cirurgia de redesignação de sexo. Além disso, o Ministro entendeu também que não haveria necessidade de fixação da idade para a alteração, e considerou que a longa espera por laudos médicos poderia gerar danos psiquiátricos e psicológicos. Para fundamentar a sua tese, o ministro então cita diversos exemplos trazidos pelo direito comparado, focando em especial a Lei argentina nº 26.743/2012, a qual legitima o direito de todos ao reconhecimento de sua identidade de gênero, assim como a liberdade de desenvolvimento pessoal conforme essa identidade (*vide* subseção 3.3).

Ainda segundo o Ministro, a necessidade da decisão judicial de jurisdição voluntária não representaria nenhuma forma de discriminação, uma vez que ela se encontra prevista desde a Lei nº 6.015 de 1973 como forma de garantir uma maior segurança jurídica para qualquer alteração do prenome. Para ele, a mudança no assentamento se daria através de uma decisão de jurisdição voluntária, com expedição de ofício pelo juiz a todos os órgãos estatais para alterações dos registros complementares, tais como título de eleitor e CPF. Ao invés de uma simples alteração no cartório, que poderia suscitar dúvidas – e mesmo que não suscitasse, o indivíduo teria que, em cada caso, pedir alteração, com possibilidade de negativa –, a eficácia da decisão iria fazer com que todos os documentos da pessoa trans* fossem regularizados. Com o intuito de fortalecer sua opinião, o Ministro Alexandre de Moraes disse que se o posicionamento de ir diretamente ao cartório prevalecesse, as crianças e os adolescentes trans* não poderiam alterar seu prenome, mas com a decisão judicial, a depender do contexto, eles iriam conseguir. Para uma maior segurança jurídica da própria criança ou adolescente trans*, um procedimento de jurisdição voluntária seria o mais adequado.

Como se pode perceber, o voto do Ministro Alexandre de Moraes foi um pouco diferente e melhor em relação ao do Ministro Marco Aurélio. Além de aceitar estender o julgamento para transgêneros e não só transexuais, o ministro dispensou não só a cirurgia de transgenitalização como também quaisquer requisitos para a alteração do prenome e do gênero do registro civil de pessoas trans*, embora exigisse ação judicial.

Ao dispensar os laudos médicos e a fixação de idade mínima, o entendimento do Ministro Alexandre de Moraes estaria de acordo com o da Corte IDH. Por ser autopercebida, a identidade de gênero não é provada, e qualquer existência de requisitos condicionantes violaria o direito da liberdade e da autonomia moral da pessoa transgênero na definição de sua identidade. Além disso, assim como os adultos, as crianças e os adolescentes trans* também têm o direito ao reconhecimento de sua identidade autopercebida nos registros de nascimento e nos documentos de identificação.

Em consonância com o Ministro Alexandre de Moraes, o Ministro Ricardo Lewandowski, em seu voto, ressaltou que não são os procedimentos médicos que concedem o direito de reconhecimento da condição pessoal ao indivíduo trans*. Este direito é indissociável de cláusula geral da dignidade da pessoa humana. Para ele, cabe ao julgador, no caso concreto, verificar se estão preenchidos os requisitos para a alteração. O julgador poderia se utilizar, por exemplo, "de depoimentos de testemunhas que conheçam a pessoa e possam falar sobre sua autoidentificação; ou, ainda, declarações de psicólogos ou médicos, bem assim de outros meios de prova de que o interessado dispuser" (BRASIL, 2018, p. 119), mas desde que fosse vedada qualquer forma de abordagem patologizante da questão. O Ministro relembra também em sua tese que, embora fosse recomendável a exigência de comprovação da cientificação dos credores acerca da mudança, a mera existência de dívidas não obsta a alteração de nome e gênero. "Tampouco a existência de antecedentes criminais pode justificar a vedação à mudança, bastando, para tanto, que sejam igualmente comunicadas as autoridades responsáveis" (BRASIL, 2018, p. 120), completou. O Ministro Ricardo Lewandowski esclareceu que não era cabível a publicação de editais ou outras formas de publicidade da mudança, com o intuito de se preservar a privacidade da pessoa.

O ministro defendeu que a "autodeterminação da pessoa 'trans' deve integrar o patrimônio normativo na luta por reconhecimento deste grupo minoritário" (BRASIL, 2018, p. 117) e, em virtude disso, em sociedade igualitária e democrática que respeite os direitos fundamentais, as pessoas devem ver reconhecido seu direito ao nome e ao gênero de acordo com sua autoidentificação. Assim, atento na luta pelo reconhecimento, o Ministro entendeu que não se pode impor o uso de nome e a identificação de gênero que causará constrangimento à pessoa e nem pode se omitir na luta pela concretização dos direitos fundamentais das pessoas transgênero. Contudo, embora o voto do Ministro tenha sido nesse sentido, o que se percebe no caso concreto, infelizmente, é oposto: a sociedade apenas reforça a injustiça contra a pessoa trans* ao condicionar indevidamente o reconhecimento do gênero e do nome com que se identifica.

O Ministro Gilmar Mendes votou pela procedência do pedido para o reconhecimento do direito dos transgêneros de alterarem seu registro civil, independentemente de cirurgia de redesignação sexual, mas desde que fosse mediante a observância dos seguintes requisitos: 1) que haja ordem judicial (art. 13, I, da Lei nº 6.015/1973); e 2) que essa alteração seja averbada à margem no seu assentamento de nascimento, resguardado o sigilo acerca da ocorrência dessa modificação. Para fixar o seu voto quanto à imprescindibilidade da autorização judicial e rejeição à possibilidade de retificação pela via administrativa, o Ministro Gilmar Mendes mencionou a proposta de tese do Ministro Dias Toffoli no RE 670.422/RS:

> O transexual, comprovada juridicamente sua condição, tem direito fundamental subjetivo à alteração de seu prenome e de sua classificação de gênero no registro civil, independentemente da realização de procedimento cirúrgico de redesignação de sexo. 2. *Essa alteração deve ser averbada à margem do assento de nascimento, com a anotação de que o ato é realizado 'por determinação judicial', vedada a inclusão do termo 'transexual'.* 3. Nas certidões do registro não constará nenhuma observação sobre a origem do ato, vedada a expedição de certidão de inteiro teor, salvo requerimento do próprio interessado ou por determinação judicial. 4. A autoridade judiciária determinará, de ofício ou a requerimento do interessado, a expedição de mandados específicos para alteração dos demais registros nos órgãos públicos ou privados pertinentes, os quais deverão preservar o sigilo sobre a origem dos atos. (BRASIL, 2018, p. 136-137, grifo nosso)

O Ministro Gilmar Mendes utilizou também o artigo 13 da Lei de Registros Públicos, pois, segundo este dispositivo, a alteração do prenome do registro civil exige autorização judicial para todos, independentemente da orientação sexual ou da identidade de gênero. Portanto, se o procedimento judicial é a regra, seria considerada uma forma de discriminação se as pessoas transgênero mudassem o seu registro civil sem a autorização judicial. Ainda, a decisão judicial serviria também como forma de proteger a higidez dos registros públicos.

Quanto à necessidade ou não de prévia autorização judicial, a Corte IDH não definiu explicitamente sobre, mas apenas destacou que o procedimento mais adequado à alteração dos registros seria aquele materialmente administrativo ou notarial, mas isto não impediria o juiz de analisar um caso de modificação registral. Além disso, como a Corte IDH tinha determinado que os Estados precisavam introduzir, por meio de um regramento, formas alternativas de procedimentos de jurisdição voluntária relacionados a solicitações de mudanças de dados em registros e documentos oficiais por razões de identidade de gênero autopercebida, o argumento defendido pelo Ministro quanto à necessidade de uma prévia autorização judicial não estaria equivocado.

Contudo, apesar de os três ministros defenderem a prévia autorização judicial no sentido de que através dela aparentemente as pessoas trans* não precisariam levar a nova certidão de nascimento a todos os órgãos em que tivesse cadastros, como ocorre pela via administrativa, na prática isto não acontece. Ou seja, uma vez tendo decisão judicial ordenando ao Cartório a retificação da certidão de nascimento, caberia à pessoa levar a nova certidão a todos os órgãos em que tenha cadastros a ser alterados, trazendo, portanto, mais burocracia para o indivíduo ter o seu direito reconhecido.

Em seu voto, o Ministro Edson Fachin disse que o direito à igualdade abrange a identidade de gênero, sendo ela manifestação da própria personalidade da pessoa humana, e cabe ao Estado apenas o papel de reconhecê-la e não constituí-la (BRASIL, 2018). Em consonância com o entendimento adotado pela Corte IDH, é possível afirmar que negar a alteração do gênero no assento de registro civil seria uma atitude violadora da dignidade e da liberdade de ser do indivíduo, na medida em que, ao não reconhecer sua identidade sexual, seria negado o seu pleno exercício de autoafirmação pública.

Além disso, o Ministro informou que o Estado deve reconhecer a identidade de gênero como forma de promoção à dignidade da pessoa humana, como também deverá assegurar aos indivíduos o direito ao nome, ao reconhecimento de sua personalidade jurídica, à liberdade e à vida privada. Desta forma, o Estado está limitado apenas ao reconhecimento, sendo-lhe "vedado exigir ou condicionar a livre expressão da personalidade a um procedimento médico ou laudo psicológico que exijam do indivíduo a assunção de um papel de vítima de determinada condição" (BRASIL, 2018, p. 38). Nota-se que tal argumento encontra-se também de acordo com a orientação da Corte IDH, já que esta entende que o reconhecimento do Estado em relação à identidade de gênero é de fundamental importância para garantir o pleno gozo dos direitos humanos das pessoas trans*, assim seguindo a orientação dela.

A mudança do prenome e do sexo no registro público depende apenas da livre manifestação de vontade da pessoa que pretende expressar sua identidade de gênero. Ela não deve provar o que é nem o Estado deve condicionar a expressão da identidade a qualquer tipo de modelo, ainda que meramente procedimental (BRASIL, 2018).

O Ministro Edson Fachin mencionou a proposta feita pelo *amicus curiae* Grupo de Advogados pela Diversidade Sexual e de Gênero:

> A pessoa transgênero que comprove sua identidade de gênero dissonante daquela que lhe foi designada ao nascer por autoidentificação firmada em declaração escrita desta sua vontade dispõe do direito fundamental subjetivo à alteração do prenome e da classificação de gênero no registro civil pela via administrativa ou judicial, independentemente de procedimento cirúrgico e laudos de terceiros, por se tratar de tema relativo ao direito fundamental ao livre desenvolvimento da personalidade. (BRASIL, 2018, p. 39)

Acompanhando o voto do Ministro Edson Fachin, o Ministro Luís Roberto Barroso proferiu o seu voto pelo reconhecimento do direito dos transgêneros à substituição do prenome e sexo no registro civil, sem necessidade de cirurgia de transgenitalização ou de laudos de terceiros e independentemente de exigência de ida ao Poder Judiciário, para qualquer pessoa que seja maior de idade.

O Ministro ainda disse ser favorável quanto à utilização da expressão transgênero em vez de transexual, por ser um termo com o qual as pessoas trans* se sentem mais confortável. Ele considerou que:

> A pessoa transgênero que comprove sua identidade de gênero dissonante daquela que lhe foi designada ao nascer, por autoidentificação firmada

em declaração escrita dessa sua vontade, dispõe do direito fundamental subjetivo à alteração do prenome e da classificação de gênero no registro civil pela via administrativa ou judicial – que é evidentemente facultada para quem queira –, independentemente de procedimento cirúrgico e laudos de terceiros, por se tratar de tema relativo ao direito fundamental ao livre desenvolvimento da personalidade. (BRASIL, 2018, p. 55)

A Ministra Rosa Weber também considerou desnecessária a ação por meio judicial para a mudança no registro civil. Completou dizendo que "a via judicial pode resultar como uma via alternativa" (BRASIL, 2018, p. 57).

A Ministra se utilizou da interpretação jurídica firmada pela Corte IDH e o julgamento do caso *Affaire A.P., Garçon e Nicot* contra França, realizado pela Corte Europeia de Direitos Humanos (*vide* subseção 3.2), como fontes do direito comparado para sustentar seu argumento.

Segundo a Ministra, o papel do Estado é de assegurar a igualdade entre as pessoas e o exercício da liberdade de manifestação. Desta maneira, em consideração e respeito aos cidadãos, a sexualidade e a manifestação como expressão da personalidade da pessoa humana devem ser asseguradas, "ainda que esse reconhecimento implique diferenças nas formas de expressão dessa identidade de gênero, quando confrontadas com o padrão esperado pela sociedade" (BRASIL, 2018, p. 80). Tanto a identidade sexual quanto a de gênero encontram-se protegidas nos direitos da personalidade e na dignidade da pessoa humana. A partir daí, a Ministra Rosa Weber cita Maria Berenice Dias, ao dizer que "ninguém pode realizar-se como ser humano se não tiver assegurado o respeito ao exercício da sexualidade, conceito que compreende a liberdade sexual, albergando a liberdade da livre orientação sexual" (DIAS, 2000, p. 163-164 *apud* BRASIL, 2018, p. 80).

O reconhecimento dos direitos dos transgêneros de serem tratados de acordo com sua identidade de gênero e não com a expectativa social sobre o seu sexo biológico é um elemento mínimo e necessário para a dignidade humana dessas pessoas. Então, caso não haja a alteração do registro civil nos casos de indivíduos trans*, poderá "acarretar a eterna e cíclica repetição do trauma da disforia sempre que seja evocado publicamente pelo nome de registro" (BRASIL, 2018, p. 80).

Ainda neste contexto, a inscrição do termo transexual no assento do registro civil implicaria uma violação ao direito da personalidade, por trazer uma situação vexatória e constrangedora ao cidadão. Para sustentar o seu argumento, a Ministra se utilizou do estudo elaborado por Taylor Flynn, que assim esclarece:

> Uma mulher transexual, por exemplo, que *é* legalmente declarada um homem, pode não conseguir alterar seus documentos de identificação (como registro de nascimento, carteira de motorista, ou passaporte) para que eles reflitam o sexo com o qual ela se identifica, um resultado que a expõe *à* discriminação potencial, perseguição e violência em inúmeras transações que compõem a nossa vida cotidiana. O que deveria ser uma simples tarefa de comprar um item com cartão de crédito (onde identificação pode ser requerida) pode tornar-se um pesadelo: uma pessoa transexual corre o risco de ser humilhada, de que alguém se negue a servi-la, de que espectadores da cena façam-lhe mal – agora conscientes de sua variação de gênero por causa da reação do balconista da loja – e que podem segui-la fora da loja. Seu casamento pode ser invalidado, uma multa de trânsito ou férias no exterior podem colocá-la em risco. Ela pode ter um empréstimo negado, ter um serviço negado no banco, ou alcançar o emprego dos seus sonhos somente para ser demitida tão logo quando ela apresente documentos de identificação no seu primeiro dia. (FLYNN, p. 36-37 *apud* BRASIL, 2018, p. 82)

Quanto à obrigação de submissão ao procedimento cirúrgico, a Ministra Rosa Weber se diz contrária a esta exigência, por ter um efeito reverso na tutela dos direitos fundamentais, privando, portanto, o transgênero do exercício do direito à identidade sexual pessoal e à vida privada, além de impor alto risco à integridade física do cidadão que pretende ser reconhecido pela forma como se apresenta ao mundo.

Em suma, é dever do Estado dar tutela normativa para a realização do direito fundamental da pessoa trans*, qual seja, o reconhecimento de sua identidade e personalidade "como manifestação primária da dignidade da pessoa humana e do tratamento igualitário dos indivíduos" (BRASIL, 2018, p. 83).

O Ministro Luiz Fux reconheceu a possibilidade de adequação do registro público à realidade e à desnecessidade de cirurgia, sob o fundamento de três importantes aspectos: (i) o direito à alteração do prenome e do gênero no registro civil; (ii) a inconstitucionalidade da utilização do termo transexual; e (iii) a inconstitucionalidade da exigência de realização de procedimento cirúrgico de redesignação de sexo.

Quanto ao primeiro aspecto, o Ministro ressaltou que o direito à retificação do registro civil, para se adequar à identidade de gênero, "concretiza a dignidade da pessoa humana, seja por meio da busca da felicidade, seja pelo princípio da igualdade, seja pelo direito ao reconhecimento" (BRASIL, 2018, p. 91). Especificamente no que concerne aos transexuais, o critério jurídico feminino-masculino não se refere às questões biológicas, mas ao gênero com o qual a pessoa se identifica psicossocialmente. O indivíduo transexual não se identifica como pertencente a um terceiro grupo, mas sim como homem ou mulher, semelhante a outros homens e mulheres cis. "A alteração do gênero, de modo a conformá-lo à categoria social e intimamente reconhecida, efetiva o princípio da veracidade dos registros públicos ao espelhar a veracidade dos fatos da vida", afirmou o Ministro (BRASIL, 2018, p. 94). Com a retificação do registro civil, a identidade sexual civil passa a corresponder à social e os direitos de personalidade são estendidos ao transgênero, como ocorre com qualquer outra pessoa.

No que se refere ao segundo aspecto, a utilização expressa e pública do termo transexual no registro civil é discriminatória e, portanto, inconstitucional, pois violaria a dignidade da pessoa humana, o princípio da igualdade e o direito à intimidade. A violação à igualdade causaria um impedimento da inserção social e profissional do transgênero por causa da discriminação. Logo, com a violação do direito à intimidade, haveria uma exposição da condição psíquica do sujeito e do comprometimento dos relacionamentos afetivos e sociais. Em suma, "a referência expressa à transexualidade do sujeito no registro civil compromete a inserção social do sujeito no mercado de trabalho, perpetuando a injustiça" (BRASIL, 2018, p. 89).

Quanto ao terceiro aspecto, a exigência da realização de procedimento cirúrgico de redesignação de sexo como pressuposto para alteração do prenome e gênero no registro civil, é inconstitucional, pois violaria a autonomia privada ou liberdade individual, bem como o direito à intimidade, à integridade física, à saúde e à igualdade. Esta violação quanto à autonomia da vontade ou à liberdade individual decorre da alteração do direito à redesignação cirúrgica em uma obrigação. Ao invés de ser vista como um direito da personalidade, a realização da cirurgia passaria a se tornar prova da transexualidade da pessoa. A violação à intimidade, por sua vez, decorreria da exposição de uma vontade íntima e restrição em escolhas familiares e afetivas. Já quanto à violação ao direito da saúde, a exigência de submissão à cirurgia de transgenitalização poderia envolver sérios riscos ao paciente. O Ministro então cita a manifestação da Procuradoria da República, demonstrando as dificuldades da cirurgia: "não se pode, data vênia, exigir-se do indivíduo uma mutilação física para assegurar direito constitucional básico" (BRASIL, 2018, p. 104). Além disso, há outras formas de verificação da insatisfação do sujeito com o seu sexo biológico que não seja a submissão da cirurgia, como entrevistas psicológicas, provas testemunhais e submissão a intervenções hormonais.

Mencionado pelo Ministro Luiz Fux, o Acórdão 063/15 da Corte Constitucional da Colômbia e a Opinião Consultiva da Corte IDH, de 24 de novembro de 2017, diz que:

> As mudanças, correções ou ajustes nos registros e documentos de identidade não devem refletir mudanças de acordo com a identidade de gênero; d) deve ser expedito e, na medida do possível, deve ser livre, e e) não deve exigir o credenciamento de operações cirúrgicas e/ou hormonais. O procedimento que melhor se adapta a esses elementos é o trâmite ou procedimento materialmente administrativo ou notarial. Os Estados podem fornecer em paralelo um canal administrativo, que possibilita a eleição da pessoa. (OC-24/17 *apud* BRASIL, 2018, p. 87)

Portanto, o Ministro reconheceu a autodeclaração, pois a configuração da transexualidade se dá pela profunda insatisfação com o seu gênero biológico, sendo este o único critério a ser considerado para lhe condicionar a mudança do registro civil.

Seguindo o entendimento da corrente majoritária, o Ministro Celso de Mello votou pela procedência do pedido para dar interpretação conforme à Constituição e ao Pacto de San José de Costa Rica ao art. 58 da Lei nº 6.015/73, reconhecendo aos transgêneros que assim o desejarem o direito à substituição de prenome e sexo diretamente no registro civil, independentemente da cirurgia de transgenitalização ou da realização de tratamentos hormonais.

O Ministro afirmou que o direito à autodeterminação do próprio gênero deve ser entendido como "poder fundamental da pessoa transgênero, impregnado de natureza constitucional, e traduz, iniludivelmente, em sua expressão concreta, um essencial direito humano cuja realidade deve ser reconhecida pelo Supremo Tribunal Federal" (BRASIL, 2018, p. 121). Desta maneira, o decano classificou a autodeterminação do gênero e sexo como direito essencial do ser humano, direito este que está embasado nos direitos à dignidade, à tolerância, à felicidade e à liberdade. Aderindo à corrente da via administrativa, o ministro destacou que se o oficial de registro tivesse alguma incerteza no caso concreto, ele poderia suscitar procedimento de dúvida ao Juízo de Registros Públicos competente. O Ministro defendeu ainda a ideia de que o verdadeiro Estado Democrático de Direito deve ser capaz de promover ideais de igualdade e não segregação, pois não permitir que um transexual altere seu registro seria um exemplo de evidente violação aos direitos fundamentais.

Para ele, é necessário dar à pessoa trans* a cidadania, pois ninguém pode sofrer limitações dos direitos por motivo de identidade de gênero. Isto quer dizer que as pessoas transgênero, enquanto indivíduos livres e iguais em direito e dignidade, têm o direito de receber a igual proteção das leis e do ordenamento jurídico pautados na Constituição, sendo considerada arbitrária e inadmissível qualquer lei que incentive a exclusão, discriminação ou estimule a intolerância, o desrespeito e a desigualdade das pessoas em razão de sua identidade sexual. O Ministro enfatiza ainda que não cabe ao Estado "limitar, restringir, excluir, obstar ou embaraçar o exercício, por qualquer pessoa, de seus direitos à identidade de gênero, pois esse direito fundamental integra o complexo mínimo que se encerra no âmbito dos direitos da personalidade" (BRASIL, 2018, p. 124).

O Ministro afirmou que se o STF decidisse no sentido de reconhecer a essas pessoas este direito, asseguraria a plena aplicação da Carta Magna, já que estaria garantindo a aplicação de direitos fundamentais, como os da dignidade da pessoa humana, da liberdade, da autodeterminação, da igualdade, do pluralismo, da intimidade, da não discriminação e da busca da felicidade. Quanto a este último direito, o Ministro deixou claro que ele é considerado um princípio emanado do postulado basilar constitucional da dignidade da pessoa humana e, portanto, tal decisão representaria um passo significativo na busca contra a discriminação e evitaria que os grupos minoritários continuassem marginalizados, buscando uma jurisdição genuinamente inclusiva.

Sobre a omissão legislativa e o papel contramajoritário do STF, o decano afirmou:

> Cumpre enfatizar, presentes tais razões, que o Supremo Tribunal Federal, no desempenho da jurisdição constitucional, tem proferido, muitas vezes, decisões de caráter nitidamente contramajoritário, em clara demonstração de que os julgamentos desta Corte Suprema, quando assim proferidos, objetivam preservar, em gesto de fiel execução dos mandamentos constitucionais, a intangibilidade de direitos, interesses e valores que identificam os grupos minoritários expostos a situações de vulnerabilidade jurídica, social, econômica ou política, que, por efeito

> de tal condição, tornam-se objeto de intolerância, de perseguição, de discriminação e de injusta exclusão. Na realidade, o tema da preservação e do reconhecimento dos direitos das minorias deve compor, por tratar-se de questão impregnada do mais alto relevo, a agenda desta Corte Suprema, incumbida, por efeito de sua destinação institucional, de velar pela supremacia da Constituição e de zelar pelo respeito aos direitos, inclusive de grupos minoritários, que encontram fundamento legitimador no próprio estatuto constitucional. Com efeito, a necessidade de assegurar-se, em nosso sistema jurídico, proteção *às* minorias e aos grupos vulneráveis qualifica-se, na verdade, como fundamento imprescindível *à* plena legitimação material do Estado Democrático de Direito. (BRASIL, 2018, p. 131)

Por fim, a Ministra Cármen Lúcia votou no sentido de julgar procedente a ação assegurar à pessoa transgênero a "alteração do prenome e do sexo originariamente lançados no registro civil de nascimento, segundo aqueles com os quais se identifica, por autodeclaração, na via administrativa (cartorária), independentemente de prévia autorização judicial" (BRASIL, 2019, p. 171).

A Ministra salientou que "sujeitar a pessoa com prenome masculino ao registro do sexo oposto (ou vice-versa) importaria não apenas em insegurança jurídica, mas em inaceitáveis sofrimento e constrangimento, em afrontosa contrariedade aos direitos de sua personalidade" (BRASIL, 2018, p. 166). Portanto, apesar da identificação de uma pessoa natural segundo a sua genitalidade traduzir um elemento cultural e bastante consensual entre os povos, a complexidade da pessoa humana vai além de sua genitália, devendo ser reconhecida segundo a sua dignidade.

Além disso, associar o gênero à *psique* da pessoa independe da cirurgia de transgenitalização, cujos efeitos e riscos à saúde se veem advertidos, por exemplo, no RE nº 670.422:

> Observe-se que no caso, temos uma pessoa que *é* homem, mas que nasceu em um corpo de mulher. Por isso, no caso, a cirurgia a que o apelante deveria se submeter para 'convencer' o juiz, seria para a construção do pênis – a chamada 'neofaloplastia'. Contudo, trata-se de cirurgia experimental, e de duvidosos resultados. A esse respeito, transcrevo considerações do pesquisador Gerald Ramsey (in 'Transexuais – Perguntas e Respostas', editora GLS), contidas em material trazido aos autos pela parte apelante: "(...) Com a faloplastia em geral foram relatados vários problemas. Além dos riscos cirúrgicos normais, tais como os relacionados *à* anestesia e a infecções, o transexual confronta-se com muitos outros riscos. A lista que se segue é incompleta, mas representativa

de potenciais complicações: – espasmos vesicais (Hage, de Graaf, van den Hoek e Bloem, 1993) – estenose do meato – estreitamento de uma passagem (ibidem); – incontinência urinária (Fitzpatrick, Szierzewski e McGuire, 1993) – colite (Toolenaar, Freundt, Huikeshoven, Drogendijk, Jeekl e Chadha-Ajwani, 1993); – fístulas – deformidades das estruturas que ligam os *órgãos* ou, no caso de micção, que ligam um *órgão* interno com o meio externo (Hage, de Graaf, Bouman e Bloem, 1993) – necrose do neofalo – isto resulta na perda ou morte literal do pênis" (…) Pense-se, por exemplo, em alguém que tenha tido ou sofrido um acidente ou uma doença, que tenha resultado em perda do pênis (certos tipos de câncer no pênis, por exemplo, podem levar a isso). Nem por isso se haverá de pensar que, pela perda do pênis em função do acidente ou da doença, a pessoa deixou de ser homem" (acórdão recorrido no RE nº 670.422, Relator o Ministro Dias Toffoli, fl. 165-167 *apud* BRASIL, 2018, p. 157-158).

Portanto, a Ministra defendeu que "o reconhecimento público do gênero inclui a necessidade de permitir *às* pessoas transexuais a vivência do gênero declarado sem necessidade de comprovar processo de redesignação corporal" (BRASIL, 2018, p. 168-169). Qualquer impedimento *à* expressão da identidade de gênero constitui prática discriminatória e violação de direitos fundamentais.

Em seguida, a Ministra Cármen Lúcia discutiu a respeito da necessidade das condições de transexualidade ou da manutenção dos indicativos de transição de gênero, questões estas que estavam dividindo as opiniões entre os Ministros. Para a Ministra, não há argumento constitucional suficiente que possa considerar a inviolabilidade dos direitos fundamentais ponderados. A identidade de gênero não se pode basear unicamente no critério anatômico, desconsiderando a vida psíquica do indivíduo, pois "a pessoa vive e convive com outros, apresentando-se e sendo socialmente reconhecida" (BRASIL, 2018, p. 169). Para enfatizar o seu voto, a Ministra citou o argumento da Procuradoria-Geral da República no RE nº 670.422:

A inclusão do termo transexual no registro do recorrente não retrata a verdade sexual psicológica, além de embaraçar o exercício da liberdade e a aquisição da identidade plena, mantendo o recorrente em inaceitável situação de angústia e incerteza, situação violadora da dignidade da pessoa humana assegurada pela Constituição Federal (RE nº 670.422, Relator o Ministro Dias Toffoli, parecer fl. 232 *apud* BRASIL, 2018, p. 169).

A Ministra ainda fez uma menção da filiação por adoção, em que o vínculo jurídico constituído por sentença judicial impõe seu assentamento sem "nenhuma observação sobre a origem do ato", o que não constará das certidões do registro. Além disso, caso a pessoa adotada queira saber a verdade biológica, lhe é garantido este direito por lei e pela jurisprudência do próprio Supremo, através de uma investigação genética (teste de DNA), não se vinculando à genitalidade. Através deste comparativo, portanto, a Ministra optou pela alteração do registro civil segundo a identidade de gênero, sem anotação da condição transexual, à luz do princípio da dignidade da pessoa humana, da igualdade material e da não discriminação.

Desta forma, é possível afirmar que, quanto à autodeclaração, os Ministros supramencionados estavam em consonância com a Opinião Consultiva nº 24/2017 da Corte IDH. Para o tribunal internacional, a identidade de gênero, por ser uma experiência interna e individual de gênero de acordo com o que cada pessoa sente, deve ser percebida por si mesma e a regulação do procedimento da mudança do prenome e do gênero deve se basear apenas no consentimento livre e informado do requerente (*vide* subseção 3.1).

Além disso, assim como a Corte IDH, os ministros também concluíram que o reconhecimento pelo Estado em relação à identidade de gênero autopercebida é de fundamental importância para garantir o pleno gozo dos direitos humanos das pessoas trans*. Sabe-se que a falta de tal reconhecimento implicaria a perda total ou parcial da titularidade da pessoa desses direitos, que teria a própria existência não legitimada de acordo com um componente essencial de sua identidade, que é o seu nome.

Percebe-se ainda que os votos dos ministros no que diz respeito à possibilidade de realização da retificação pela via administrativa, à exigibilidade ou não de laudos e ao uso do termo transgênero estão em completa consonância com a Opinião Consultiva nº 24 da Corte IDH. Desta maneira, deveria haver a dispensa de decisão judicial, pois se o procedimento é por autodeclaração, não teria sentido ser feita uma decisão em seguida. A alteração deve ser feita diretamente no registro civil, sem procedimento judicial, sem a exigência de laudos médicos, ou de qualquer outra natureza.

Importa destacar ainda que, ao definir maioridade como requisito, o Ministro Luiz Roberto Barroso excluiu as crianças e os adolescentes transgênero em seu voto, contrariando, assim, a decisão da Corte IDH. Os Estados-partes têm a obrigação de respeitar o direito da criança e do adolescente de preservar sua identidade.

Ainda, ao analisar o voto de cada ministro do STF no julgamento da ADI nº 4.275/DF, foi possível perceber que entre os 11 ministros presentes, apenas um (Ministro Alexandre de Moraes) reconheceu a existência das crianças e adolescentes transgênero, sendo estas omitidas e excluídas pelos demais. Nota-se, em um primeiro momento, portanto, como esses indivíduos, apesar de serem sujeitos de direitos, passam a ser considerados e vistos como vidas não passíveis de luto.

Consoante tratado no item 1.2, Judith Butler (2019) deixa claro que ser passível de luto é condição do surgimento da vida, ou seja, sem esta condição não há vida. A vida só existe e só é reconhecida como vida que importa se o seu valor ético for gerado pela capacidade de produzir sofrimento, luto. E este direito ao luto faz com que os corpos sejam divididos entre os que importam (vidas percebidas como vidas) e os que pesam (vidas não reconhecidas como vidas), entre vidas vivíveis e passíveis de luto e as que não são assim consideradas.

Assim, o fato de existir esta ausência de menção de crianças e adolescentes trans* nos votos dos Ministros faz com elas sejam consideradas como vidas impassíveis de luto, estando elas à margem, destituídas das condições mínimas de sobrevivência, e a sua perda, não lamentada.

O Estado teria a obrigação de intervir e proteger, mas não o faz. E quanto menos alguém é reconhecido como vida, mais fácil se produz a justificativa para a violência com legitimação social. Seus corpos são inviabilizados, mortos e destruídos, e, em vez de serem enlutados, são esquecidos.

> Sem condição de ser enlutada, não há vida, ou, melhor dizendo, há algo que está vivo, mas que é diferente de uma vida. Em seu lugar, "há uma vida que nunca terá sido vivida", que não é preservada por nenhuma consideração, por nenhum testemunho, e que não será enlutada quando perdida. A apreensão da condição de ser enlutada precede e torna possível a apreensão da vida precária. A condição de ser enlutado precede e torna possível a apreensão do ser vivo como algo que vive, exposto à não vida desde o começo. (BUTLER, 2019, p. 33)

Nesta perspectiva, questiona-se a forma como as decisões judiciais incluem e excluem sujeitos da condição de reconhecimento; como o discurso jurídico derivado da interpretação do tribunal omite a existência dos corpos de crianças e adolescentes transgênero.

Negar e/ou omitir o reconhecimento do direito à retificação do prenome e do gênero no registro civil a esses indivíduos é negar a tutela efetiva do direito de identificação e, consequentemente, o acesso aos direitos mais básicos, como à educação, à saúde, à vida social e à felicidade. Em razão da Doutrina de Proteção Integral, as crianças e os adolescentes transgênero são reconhecidos enquanto sujeitos de direitos plenos e específicos, que vão muito além dos direitos fundamentais outorgados aos adultos, isso devido à sua condição peculiar de desenvolvimento. Este reconhecimento implica o direito destes indivíduos de serem ouvidos, de expressar suas vontades, opiniões, e tê-las em conta quando da decisão na adoção de medidas a seu respeito.

Portanto, qualquer decisão envolvendo a referida população infantojuvenil deve levar sempre em conta o que é melhor e mais adequado para satisfazer as necessidades e os interesses destes indivíduos. Então, para que haja o fortalecimento das condições de vida das crianças e dos adolescentes transgênero e serem vistos enquanto vidas vivíveis, é preciso propiciar e promover sua participação ativa e corresponsável nos destinos da própria existência, respeitando sempre o melhor interesse deles. Assim, diferentemente dos demais ministros, o Ministro Alexandre de Moraes foi o único que reconheceu a existência das crianças e adolescentes transgênero em seu voto.

4.4 Provimento nº 73 do Conselho Nacional de Justiça

Após a decisão da ADI nº 4.275/DF, muitas pessoas começaram a procurar pelas serventias de Registro Civil para retificar o nome e o gênero administrativamente. Alguns Tribunais de Justiça, através de suas Corregedorias-Gerais de Justiça, começaram a editar provimentos a fim de regulamentar a adequação do nome e do gênero dos indivíduos trans* diretamente nos registros civis, determinando, inclusive, hipóteses apresentadas às crianças e aos adolescentes.

Neste sentido, o Estado de Pernambuco se tornou pioneiro a respeito dessa regulamentação, com a aprovação do Provimento nº 07/2018. Tal ato administrativo regula o procedimento de averbação da alteração do prenome e do sexo dos transgêneros no registro civil, independentemente da realização de cirurgia de mudança de sexo ou da realização de tratamentos hormonais/patologizantes.

Ainda sobre o Provimento nº 07/2018, merece destaque o seu artigo 1º, que atribui tal procedimento não só aos trans* maiores de 18 anos, mas também aos relativamente incapazes devidamente assistidos. Em outras palavras, adolescentes maiores de 16 anos e menores de 18 anos podem, desde que assistidos pelos seus pais ou representantes legais, formular o requerimento de substituição do seu prenome e/ou sexo no registro civil.

> Art. 1º Os transgêneros que assim se declararem, maiores de 18 anos, capazes ou emancipados, bem como os relativamente capazes devidamente assistidos, poderão formular requerimento de substituição de prenome, sexo, ou ambos, direta e pessoalmente em qualquer Ofício de Registro Civil das Pessoas Naturais do Estado de Pernambuco, para fins de averbação e anotações em seu assento de nascimento. (PERNAMBUCO, 2018, art. 1º)

O Provimento nº 21, de 15 de maio de 2018, publicado pela Corregedoria-Geral de Justiça do Tribunal de Justiça do Rio Grande do Sul, acrescentou o artigo 114-A na Consolidação Normativa Notarial e Registral, com a seguinte redação:

> Art. 114-A – Os transgêneros, que assim se declararem, maiores e capazes ou emancipados, e os relativamente capazes, devidamente assistidos, poderão requerer pessoalmente ao Oficial do Registro Civil das Pessoas Naturais a alteração do prenome e do sexo no registro de nascimento, independentemente de autorização judicial.

Apesar do avanço destes provimentos, eles só tinham efeito em nível estadual, e como os votos dos Ministros do STF não deixaram claros os requisitos para a solicitação, muitos cartórios se recusavam a efetuar a mudança. Além disso, diversos tribunais de justiça estavam regulando o tema de forma diferente, gerando insegurança jurídica país afora, e outros estavam simplesmente esperando uma regulamentação do Conselho Nacional de Justiça (CNJ), frustrando, assim, os direitos das pessoas transgênero.

Então, a fim de resolver este impasse, o CNJ publicou, em 28 de junho de 2018, o Provimento nº 73, tornando possível a averbação da mudança do prenome e do gênero nos assentos de nascimento e de casamento de pessoa transgênero diretamente no Cartório de Registro Civil de Pessoas Naturais nacionalmente, regulamentando, portanto, o julgamento do STF. Dessa maneira, os Cartórios de Registro Civil "passaram a estar vinculados às suas disposições e não mais às determinações das Corregedorias locais, sendo necessário, portanto, que o requerente do procedimento de adequação do nome e do gênero à identidade percebida seja maior de 18 anos" (BARCELOS; VIEIRA, 2019, p. 126).

O Provimento prevê que o requerimento de adequação do prenome e do gênero somente possa ser apresentado pelo interessado maior de 18 anos e que esteja habilitado para a prática de todos os atos da vida civil. Infelizmente, o CNJ não se mostrou sensível à realidade de crianças e dos adolescentes que se identificam com o gênero oposto ao do nascimento. Assim, esses indivíduos trans* e os emancipados não podem requerer a mudança do sexo e prenome diretamente no cartório de registro civil, nem mesmo com o aval dos pais ou com procuração, pois é um ato personalíssimo. Deste modo, esses indivíduos continuam dependendo da justiça para terem o seu nome e gênero retificados.

Importa destacar que, com a publicação do Provimento nº 73 do CNJ, os serventuários dos Registros Civis de Pessoas Naturais passaram a se vincular às suas disposições, e não mais às determinações das Corregedorias locais, demonstrando, aqui, um verdadeiro retrocesso, já que só autoriza pessoas maiores de 18 anos e capazes a formularem o requerimento de adequação do nome e do gênero, excluindo, portanto, as crianças e adolescentes transgênero e emancipados.

Em virtude disso, as crianças e adolescentes transgênero ficam dependentes da anuência dos pais ou responsáveis legais para requerer a alteração do prenome e do gênero no registro civil pela via judicial. Por isso, há de se ressaltar:

> A importância do papel dos pais e responsáveis pelos menores, posto que parte destes a sensibilidade de notar quando o comportamento da criança e do adolescente, no que tange à sua orientação sexual e identidade de gênero, possui uma discrepância com a expectativa social de gênero. Os pais não devem se desesperar, pois não se trata de nenhuma doença. Nesse sentido, a avaliação profissional com um psicólogo contribui para ajudar a criança durante este período, preservando-a de sofrimentos desnecessários impostos pela sociedade cis-heteronormativa. Não há patologia alguma a ser tratada, uma vez que nenhuma identidade de gênero pode ser patológica. (SANTOS; VIEIRA, 2019, p. 67)

Além disso, "o prenome é um marco da identificação do indivíduo, e quando está em consonância e harmonia com a sua personalidade, possibilita maior integração e inclusão social, produzindo primordiais benefícios psicológicos para a sua felicidade" (VIEIRA; CARDIN, 2018, p. 269). Portanto, torna-se imprescindível adequar o nome à identidade do transgênero, pois a negação dessa mudança nos documentos poderá afetar negativamente essa criança ou adolescente, causando-lhe sofrimento e angústia, sentimentos esses prejudiciais ao desenvolvimento pleno de sua personalidade.

Não basta ser maior, capaz e ter uma identidade autopercebida diversa daquela registrada, a pessoa requerente deverá apresentar ao ofício do Registro Civil de Pessoas Naturais, no ato do requerimento, uma série de documentos, quais sejam: I – certidão de nascimento atualizada; II – certidão de casamento atualizada, se for o caso; III – cópia do registro geral de identidade (RG); IV – cópia da identificação civil nacional (ICN), se for o caso; V – cópia do passaporte brasileiro, se for o caso; VI – cópia do cadastro de pessoa física (CPF) no Ministério da Fazenda; VII – cópia do título de eleitor; IX – cópia de carteira de identidade social, se for o caso; X – comprovante de endereço; XI – certidão do distribuidor cível do local de residência dos últimos cinco anos (estadual/federal); XII – certidão do distribuidor criminal do local de residência dos últimos cinco anos (estadual/federal); XIII – certidão de execução criminal do local de residência dos últimos cinco anos (estadual/federal); XIV – certidão dos tabelionatos de protestos do local de residência dos últimos cinco anos; XV – certidão da Justiça Eleitoral do local de residência dos últimos cinco anos; XVI – certidão da Justiça do Trabalho do local de residência dos últimos cinco anos; XVII – certidão da Justiça Militar, se for o caso. A ausência de qualquer um desses documentos impediria a alteração do registro, conforme o artigo 4º, §8º do Provimento.

O CNJ optou por estabelecer a obrigatoriedade de tantas certidões como forma de precaução, a fim de evitar possíveis problemas no futuro, tais como fraude ou na hipótese de alguém requerer a alteração de seu nome e de seu gênero com o intuito de se eximir de alguma obrigação, protegendo, assim, o princípio da segurança jurídica. Contudo, Maria Berenice Dias criticou a exigência de tantos documentos, ressaltando que, quando em casos semelhantes, como quando a mulher adere ao sobrenome do marido após o casamento, nenhum documento é exigido. Ressaltou ser "uma tentativa de barrar o avanço significativo da decisão do STF" (IBDFAM, 2018).

Além dos documentos supramencionados, é facultado à pessoa requerente apresentar para a instrução do procedimento: o laudo médico que ateste a transexualidade/travestilidade; parecer psicológico que ateste a transexualidade/travestilidade; e laudo médico que ateste a realização de cirurgia de redesignação de gênero. Mesmo sendo facultativa, essa opção nem deveria fazer parte do Provimento, pois a Suprema Corte já havia decidido pela não necessidade de qualquer equipe multidisciplinar, muito menos a necessidade de laudo atestando a cirurgia de redesignação sexual para a retificação junto aos cartórios.

Outra questão bastante controversa trazida pelo CNJ é a obrigatoriedade da anuência dos filhos e netos maiores de idade, bem como dos genitores, para a retificação no registro dos descendentes e do cônjuge para a retificação no registro de casamento. Se a autodeclaração foi considerada pelo STF como único requisito para o reconhecimento da identidade de gênero, por que o CNJ regularia mais uma exigência? Esta é uma medida bastante contraditória e violadora de princípios básicos do registro público, "de modo que se mostra inconstitucional o condicionamento à manifestação de vontade de terceira pessoa para o exercício desse direito fundamental e personalíssimo" (LOUZADA, 2019, [s.p.]).

Então, mesmo trazendo a possibilidade de regulamentação, o Provimento nº 73 surpreendeu com o nível de dificuldade imposto para a realização do ato. Para a oficiala de registro civil e membro do IBDFAM, Márcia Fidélis Lima:

> Os requisitos impostos colidem com todos os demais atos declaratórios praticados no RCPN. Não há que se apresentar essas certidões para registrar um filho ou o óbito de um parente. Esses atos de registro e a averbação objeto do Provimento 73 têm em comum o fato de serem atos declaratórios, cuja responsabilidade civil e criminal por falsidade dessas declarações estão a cargo de quem declarou (...). Ainda nessa linha, não há exigências nesse nível quando duas pessoas, ao se casarem, alteram seus nomes, em alguns estados da federação podendo inclusive formar um sobrenome totalmente diverso do seu. Um filho maior reconhecido pelo pai ou pela mãe também altera seu sobrenome. E nenhuma dessas cautelas é exigida em nenhum desses procedimentos que também são administrativos, ou seja, perante o registrador civil. O julgamento pelo STF da ADI 4.275 foi bastante claro no sentido de não poderem ser impostos requisitos. (IBDFAM, 2018)

Além disso, este Provimento apenas afirmou que o serventuário deveria observar as normas legais já existentes de gratuidade dos atos, "não prevendo expressamente que o procedimento administrativo de retificação de nome e de gênero e seus consectários legais seriam gratuitos para todos e todas que não dispusessem de condições financeiras para arcar com os seus custos" (LOUZADA, 2019, [s.d.]). Com a ausência de gratuidade, na maioria dos casos, a efetivação da retificação fica impedida, já que grande parcela da população trans* sofre com desemprego e exclusão social.

Desta maneira, apesar de ser um grande avanço, se torna necessário que o procedimento administrativo estabelecido pelo CNJ seja revisto e aperfeiçoado, adequando-o conforme foi decidido pelo STF na ADI 4.275/DF. Isto garantiria, na prática, os direitos recém-adquiridos pelos transgêneros perante o sistema de Registro Civil das Pessoas Naturais. Sem essa adequação, as dificuldades dos indivíduos trans* continuarão existindo, tornando-se uma verdadeira barreira contra o reconhecimento e respeito de sua identidade de gênero.

CAPÍTULO 5

SITUAÇÃO JURÍDICA DE CRIANÇAS E ADOLESCENTES TRANS* APÓS A ADI Nº 4.275/DF

5.1 A (im)possibilidade da adequação do nome e de gênero de crianças e adolescentes trans* pela via extrajudicial

O sistema judiciário brasileiro é considerado um sistema bastante moroso, isto é, uma estrutura que não consegue atender às demandas da justiça dentro do ritmo necessário. Os fatores para esse cenário são muitos, tais como o alto número de processos, o quadro de funcionários e os índices de produtividade.

Quando a demora judicial envolve crianças e adolescentes transgênero no processo de retificação do prenome e do gênero, ela pode causar diversos problemas a esses indivíduos. Além de terem a sua identidade de gênero negada, eles podem sofrer violência pela ausência de documentos que os identifiquem corretamente em razão da ausência do prenome no registro. A título ilustrativo, em 2016, a Justiça do Mato Grosso do Sul, em decisão pioneira, permitiu que uma criança trans* de nove anos de idade conseguisse o direito de alterar o prenome e o gênero em seus documentos, de acordo com sua identidade de gênero.[35] Segundo o juiz que proferiu a decisão:

---

[35] Para o relato sobre a autorização judicial da mudança de nome e gênero de uma criança trans* de 9 anos, *vide* a matéria publicada pelo G1 Mato Grosso no dia 30 de janeiro de 2016, disponível em: http://g1.globo.com/mato-grosso/noticia/2016/01/

A sentença foi dada para garantir que a criança, assim como ela se vê na sua individualidade e na sua orientação feminina, ela seja respeitada e tratada da forma como é, pois todas as vezes em que ela fosse se apresentar oficialmente com documento sofreria discriminação e até rejeição. Seria uma pessoa totalmente feminina com nome masculino, o que sempre geraria constrangimento a ela. (G1, 2016).

Destaca-se ainda que o apoio da família foi essencial, "pois ao invés de fugir do preconceito preferiram lutar pela felicidade da criança" (G1, 2016). Contudo, apesar do êxito na ação judicial, o problema da morosidade se encontra no fato de que o processo tramitava desde 2012, ou seja, se passaram quatro anos para que a criança obtivesse seu nome e gênero alterados no registro civil, tendo a sua identidade de gênero reconhecida.

Com o julgamento da ADI nº 4.275 pelo STF, o cenário muda. Insta destacar, todavia, que, embora a retificação do prenome e do gênero seja possível de forma extrajudicial graças à decisão e à edição do Provimento nº 73/2018 pelo CNJ, a autorização é prevista apenas para pessoas maiores de 18 anos. Nota-se que, ao delimitar uma idade mínima, as crianças e adolescentes transgênero ficam excluídas de usufruir este benefício e continuam dependendo do ajuizamento de ações judiciais, com o parecer do Ministério Público e da anuência dos pais.

Todavia, mesmo não mencionando explicitamente as crianças e adolescentes trans*, a ADI nº 4.275 influenciará indiretamente numa possível celeridade dos processos judiciais que envolvam o pedido de alteração de prenome e do gênero desses indivíduos.

O primeiro caso de reconhecimento do direito de retificação do prenome e do gênero no registro civil envolvendo um adolescente trans* aconteceu no estado do Espírito Santo.

Mesmo tendo feito a transição de gênero, usado o seu nome social no masculino, se vestido e tido a aparência física do gênero masculino, o adolescente não era respeitado na escola onde estudava. Em virtude disso, no final de 2017, o adolescente, com apoio de sua mãe, procurou a Defensoria Pública para dar início a uma ação de retificação do prenome e do gênero.

Quase um ano após o resultado da ADI nº 4.275, em 14 de março de 2019, a decisão judicial foi julgada, possibilitando a alteração do

---

menino-consegue-na-justica-mudar-para-genero-feminino-e-trocar-de-nome.html. Acesso em: 10 out. 2020.

prenome e gênero do adolescente para o masculino na Certidão de Nascimento e em todos seus documentos pessoais (OLIVEIRA, 2019).

O segundo caso aconteceu em Goiás, quando a justiça possibilitou a um adolescente transgênero de 16 anos a alteração do prenome no Registro Civil.

No final do ano de 2017, o adolescente confidenciou à sua mãe que era um menino trans*. Segundo a mãe, logo na primeira conversa que teve com o filho, ele já deixou claro que a questão da retificação de nome era algo muito importante.

Ao obter o apoio dos pais, o adolescente tentou formalizar a alteração de seu nome de registro feminino para masculino, a fim de evitar qualquer constrangimento e garantir o respeito da sua identidade. Contudo, a família encontrou certa resistência dos cartórios, já que a decisão do STF só possibilitava a mudança do registro extrajudicialmente aos transgêneros maiores de idade e o adolescente ainda era menor de 18 anos, não havendo, portanto, qualquer regulamentação que possibilitasse a mudança para essa idade.

Até que o Núcleo Especializado de Direitos Humanos (NEDH) da Defensoria Pública de Goiás resolveu ingressar com ação requerendo a retificação do registro civil. Foi solicitado na petição inicial o julgamento antecipado da lide, isto é, sem necessidade de produção de provas. Além disso, foram incluídos laudos psicológicos e médicos de profissionais que acompanhavam o adolescente. Então, no dia 30 de abril de 2019, o pedido foi acolhido tanto pelo Ministério Público quanto pelo Juízo de primeira instância. De acordo com Fernanda Fernandes (*apud* GONÇALVES, 2019), coordenadora do NEDH, "essa não produção de provas foi o que garantiu a celeridade do procedimento".

Para a advogada Priscila Morégola, vice-presidente da Comissão de Direito Homoafetivo e Gênero do IBDFAM, a decisão da Justiça de Goiás está resguardada tanto pela ADI 4.275/DF quanto pelo Provimento nº 73 do CNJ (IBDFAM, 2019). Ademais, já que o adolescente era menor de 18 anos e foi assistido pelos pais, não havia qualquer irregularidade.

Nota-se a celeridade dos processos nos dois primeiros casos, se comparados ao exemplo anteriormente mencionado que ocorreu no estado do Mato Grosso do Sul. Em apenas um ano, os adolescentes transexuais obtiveram o direito de alterar o nome e o gênero (no primeiro caso) no Registro Civil, tendo suas identidades de gênero respeitadas.

Nessa mesma linha, no Distrito Federal, uma adolescente transexual de 15 anos obteve o direito de alterar o nome e o gênero no

Registro Civil através de uma ação judicial apresentada pelo Núcleo de Defesa dos Direitos Humanos da Defensoria Pública (NDH/DPDF).

Além de obter parecer favorável do Ministério Público do Distrito Federal e Territórios (MPDFT), a adolescente teve que passar por um laudo psicossocial e médico. Ainda foi apresentado um relatório médico atestando que a alteração de nome e gênero facilitaria a inclusão da adolescente na sociedade de maneira menos traumática, ajudando assim na procedência do pedido de alteração.

A Defensoria Pública (*apud* FORTUNA, 2019) explicou que "a identidade de gênero de crianças e adolescentes deve ser administrada sempre com muita cautela, mas que a vontade deles será considerada para a decisão final".

Já para o advogado cível Luís Carlos Alcoforado, a necessidade do consentimento dos pais ou responsáveis ou do pedido de alteração por meio judicial quando envolve crianças e adolescentes trans* ainda é um "defeito no modelo". "O ideal é que essas pessoas que estejam vocacionadas a transexualidades pudessem exercer sem precisar do ativismo do pai ou da mãe, e que pudessem, com mais liberdade, exercer essa vocação que está na alma e no corpo", informou (*apud* FORTUNA, 2019).

Em São Paulo, um adolescente transexual de 17 anos, com o apoio dos pais e representado pelo Núcleo de Defesa da Diversidade e da Igualdade Racial da Defensoria Pública, obteve decisão judicial reconhecendo a possibilidade de retificação do registro civil para alteração de nome e gênero no registro civil.

A sentença dispensou a realização de prova pericial e de estudos psicossociais, mesmo sendo solicitados pelo Ministério Público, pois, segundo a juíza que proferiu a decisão, isto apenas atrasaria a conclusão do feito, "já que, diante dos documentos que acompanharam a ação inicial, já se evidenciava a identidade de gênero subjetiva masculina do adolescente" (ASCOM/DPE-SP, 2020). A magistrada disse ainda que "a pretensão do autor de alteração de assento de registro público para adequação à sua identificação com o gênero masculino encontra respaldo na proteção da dignidade da pessoa humana, postulado constitucional, insculpido no art. 5º da Constituição Federal de 1988".

Com isso, para o defensor Luis Gustavo Cordeiro Sturion, responsável pela ação:

CAPÍTULO 5
SITUAÇÃO JURÍDICA DE CRIANÇAS E ADOLESCENTES TRANS* APÓS A ADI Nº 4.275/DF

A decisão é importante especialmente porque aplica à pessoa menor de 18 anos o entendimento já adotado pelo Supremo Tribunal Federal na ADI 4.275, no sentido de que a autoidentificação, em especial quanto ao prenome e gênero, independe de qualquer procedimento cirúrgico ou de laudo de terceiros, tratando-se de direito fundamental de personalidade. (ASCOM/DPE-SP, 2020)

O último caso a ser analisado neste livro aconteceu em Pernambuco, quando um adolescente transexual de 12 anos obteve o direito de retificar o seu nome e o gênero no registro civil.

Desde muito cedo, o adolescente usava roupas e acessórios vinculados ao gênero masculino. A partir dos três anos de idade, o adolescente já não se identificava mais com o gênero biológico, qual seja, o feminino. Aos sete anos, começou a ter um acompanhamento psicológico, sendo possível perceber, nas sessões, que não se tratava apenas de uma suposta fase. Quando completou 10 anos, começou a se submeter a tratamento hormonal em um hospital público. Sofria constantemente constrangimentos quando apresentava seus documentos e, em virtude disso, o pedido de retificação se fez necessário, ocorrendo logo em seguida.

O apoio dos pais foi essencial para o processo de transição do adolescente, pois fez diminuir os constrangimentos nas escolas e nas unidades de saúde, por exemplo, pelos pais e pelo próprio adolescente.

De acordo com o advogado do feito, Sérgio Pessoa, este foi o primeiro caso de retificação do prenome no registo civil envolvendo um adolescente trans* no Estado. Além de ter juntado laudos médicos e o cartão do SUS onde consta o nome social, Sérgio fez remessa à decisão da ADI nº 4.275 e alegou, na ação, que o nome de registro no feminino gerava constrangimento na criança, pois ela se identificava com o gênero oposto. "É uma questão de dignidade. Muitas vezes, a situação gera, no futuro, algo muito comum à população trans, que são doenças psíquicas e o suicídio", completou (PESSOA *apud* TEIXEIRA, 2020, [s.d.]).

Em maio de 2020, quase dois anos após peticionada a ação, a sentença foi publicada, determinando o direito de retificação do prenome e gênero de feminino para masculino no registro civil do adolescente trans*.

Para a grande maioria das pessoas, este é um direito aparentemente simples, mas para uma criança ou um adolescente trans* é um verdadeiro sinônimo de libertação e reconhecimento. Desta maneira, os casos supramencionados podem ser considerados importantes precedentes para futuras demandas envolvendo esses indivíduos que passarão pelo crivo do Judiciário com o único intuito de obter a identidade de gênero respeitada.

Como se trata de decisão definitiva de mérito em Ação Direta de Inconstitucionalidade, sua eficácia contra todos e seu efeito vinculante não dizem respeito apenas aos demais órgãos do Poder Judiciário, mas também à administração pública direta e indireta, nas esferas federal, estadual e municipal (CF, art. 102, §2º). No entanto, a ADI nº 4.275 não tem força de lei e as crianças e adolescentes trans* continuam dependendo do poder judiciário. Portanto, é de extrema importância que não só o movimento LGBTQIA+ como também toda a sociedade pressionem o Congresso Nacional para que a casa legislativa edite uma lei específica que proteja o direito à retificação do prenome e do gênero nos cartórios de registros nacionais e muitos outros relativos à tutela das pessoas trans* pelo ordenamento jurídico brasileiro. É imperiosa a criação de mecanismos legais para assegurar direitos e impor a adoção de políticas públicas a fim de garantir a inserção de transgêneros no âmbito de tutela do sistema jurídico.

5.2 A importância do Estatuto da Diversidade Sexual e de Gênero (Projeto de Lei do Senado nº 134/2018)

A existência de obstáculos causados pelo Poder Legislativo (*vide* subseção 4.1) não impediu a Ordem dos Advogados do Brasil (OAB) de realizar um anteprojeto de lei para assegurar os direitos da comunidade LGBTQIA+ que já haviam sido reconhecidos nas esferas administrativas e judiciárias.

Então, no dia 17 de abril de 2009, foi instalada, em Recife, no estado de Pernambuco, a primeira Comissão de Diversidade Sexual da OAB, justamente com o objetivo de elaborar um projeto legislativo para criar e estender os direitos da população LGBTQIA+ e de capacitar os advogados perante o surgimento de um novo ramo do direito, o direito homoafetivo (OAB, 2013). Em seguida, diversas Seccionais estaduais e Subseções da OAB seguiram o mesmo exemplo e criaram suas comissões de diversidade (OAB, 2013).

Em 22 de março de 2011, o Conselho Federal da OAB, em audiência pública e através da criação da Portaria nº 16/2011, aprovou a constituição da Comissão Especial da Diversidade Sexual e de Gênero, que firmou o compromisso de qualificar os advogados e de elaborar o anteprojeto do Estatuto da Diversidade Sexual e Gênero. Portanto, foi delegada a esta Comissão "a difícil missão de elaborar um conjunto de normas e regras que servissem para aperfeiçoar o sistema legal deste país, acolhendo parcela significativa da população que, de modo injustificável, se encontra alijado dos mais elementares direitos de cidadania" (OAB, 2017).

O anteprojeto foi criado com a participação das mais de 100 Comissões de Diversidade de Gênero e Sexual das Seccionais da OAB e de movimentos sociais, bem como contou com o apoio popular, através da coleta de mais de 100 mil assinaturas públicas[36] durante os seis anos que se seguiram. Diante da omissão do Legislativo quanto a projetos que buscam reconhecer os direitos LGBTQIA+, propor um projeto por iniciativa popular "é a forma de a sociedade reivindicar tratamento igualitário a todos os cidadãos, independentemente de sua orientação sexual ou identidade de gênero" (OAB/ES, 2012). Assim sendo, os políticos não iriam omitir seus votos sob a alegação de que a iniciativa seria contrária aos ideais da sociedade.

O Estatuto tem como objetivo promover a inclusão de todos, combater e criminalizar a discriminação e a intolerância por orientação sexual ou identidade de gênero. E é por isso que se torna indispensável a sua aprovação, pois diversas prerrogativas e direitos seriam consagrados àqueles que ainda não são vistos como sujeitos de direito: homossexuais, bissexuais, transgêneros e intersexuais. "Somente a edição de um conjunto de normas conseguirá impor o reconhecimento de todos os direitos a todos os cidadãos, independentemente de sua orientação sexual ou identidade de gênero" (OAB, 2017).

Portanto, com ativa participação e relevante contribuição de seccionais da OAB, de movimentos sociais e com o apoio de milhares de pessoas, elaborou-se o texto do Estatuto da Diversidade Sexual e de Gênero, que foi apresentado à Comissão de Direitos Humanos e Legislação Participativa do Senado (CDH) em 23 de novembro de 2017.

A Comissão de Direitos Humanos e Legislação Participativa tem a competência de examinar sugestões de atos normativos apresentadas

---

[36] No dia 17 de maio de 2012, o Dia Mundial de Combate à Homofobia, a Comissão de Diversidade Sexual do Conselho Federal da OAB, junto com todas as Comissões de Diversidade Sexual das Seccionais da OAB, lançou uma campanha nacional para obter assinaturas da população como forma de apresentar o Estatuto da Diversidade por iniciativa popular. Algumas dessas assinaturas foram coletadas por meio do *site* Petição Pública (http://www.peticaopublica.com.br/PeticaoVer.aspx?pi=EDS) e outras, fisicamente.

por associações e órgãos de classe, bem como sindicatos e entidades organizadas da sociedade civil (art. 102-E, I do Regimento Interno do Senado Federal – RISF). Uma vez aprovadas, em exame preliminar, as sugestões são transformadas em proposições (projetos de lei) de autoria da própria Comissão, sendo, em seguida, encaminhadas à Mesa para tramitação e ouvidas as comissões competentes, que irão opinar sobre o mérito, a constitucionalidade e a juridicidade do projeto de lei (art. 102-E, parágrafo único, inciso I do RISF).

Como a OAB é um organismo de classe e está regularmente representada pelo seu Conselho Federal, ela possui legitimidade ativa para encaminhar sugestões legislativas à Comissão de Direitos Humanos do Senado Federal. No caso em questão, a OAB, ao enviar o anteprojeto do Estatuto da Diversidade à CDH, este foi intitulado, inicialmente, como Sugestão Legislativa nº 61/2017. Além de ter um amplo papel de defender os direitos humanos e de promover a cidadania, a OAB retiraria "da invisibilidade jurídica, do descaso social e da intransigência de muitos, pessoas que precisam ter garantido o direito de viver, de amar e de ser feliz, seja qual for a sua orientação sexual ou identidade de gênero" (OAB, 2017).

No dia 26 de março de 2018, a Comissão de Direitos Humanos e Legislação Participativa (CDH) aprovou o relatório da então senadora Marta Suplicy, favorável à Sugestão Legislativa, passando a constituir o Parecer da CDH na forma de Projeto de Lei do Senado (PLS) nº 134/2018. E, ainda, a matéria passou a tramitar como proposição de autoria da CDH. Para a senadora, "essa é uma lei que consolida a tolerância e o respeito que grande parte da sociedade já acolheu e pratica, mas que é necessária para defender os direitos de minorias contra a intolerância renitente e os costumes retrógrados de grupos bem organizados" (BRASIL, 2018).

Embora o início da tramitação no Senado seja um passo importante, os idealizadores da proposta entendem que o caminho será bastante difícil, pois o projeto ainda será apreciado pelas comissões competentes do Senado e depois pela Câmara. Além disso, por ser o primeiro projeto de lei do Senado a ser aprovado com esta temática, haverá também resistências dentro do Congresso Nacional que irão utilizar da família tradicional conservadora como argumento para impedir que a proposta avance.

É preciso que este projeto de lei seja aprovado pelo Congresso Nacional e entre em vigor, pois, apesar de a Constituição Federal consagrar a dignidade da pessoa humana, a liberdade e a igualdade, além de vedar discriminações de qualquer ordem, cabe à legislação infraconstitucional a obrigação de dar efetividade às suas diretrizes, aos seus princípios. A aprovação deste projeto se torna indispensável para assegurar os direitos, criminalizar posturas LGBTfóbicas, além de impor a adoção de políticas públicas para assegurar a inserção de homossexuais, lésbicas, bissexuais, transgêneros e intersexuais no âmbito da tutela do sistema jurídico.

O Estatuto da Diversidade Sexual e de Gênero possui 125 artigos, divididos entre XVIII capítulos, que propõem assegurar todos os direitos à população LGBTQIA+, além de adotar políticas públicas para impedir a discriminação e de criminalizar a LGBTfobia. A seguir serão abordados os principais dispositivos deste Estatuto que buscam garantir os direitos das pessoas trans*, em especial das crianças e adolescentes.

Logo em seu primeiro artigo, o Estatuto visa combater a discriminação por orientação sexual ou identidade de gênero, para promover a inclusão de todos e "garantir a efetivação da igualdade de oportunidades, a defesa dos direitos individuais, coletivos e difusos das minorias sexuais e de gênero" (BRASIL, 2018, art. 1, I). Neste contexto, Maria Berenice Dias e Marta Cauduro Oppermann ressaltam a sua importância dizendo que:

> Todas as pessoas têm direito à constituição da família e são livres para escolher o modelo de entidade familiar que lhes aprouver, independente de sua orientação sexual ou identidade de gênero. Dessa forma, são assegurados os direitos ao casamento, à constituição de união estável e sua conversão em casamento, à escolha do regime de bens, ao divórcio, à filiação, à adoção e ao uso das práticas de reprodução assistida, à proteção contra a violência doméstica e familiar, à herança, à concorrência sucessória, ao direito real de habitação e todos os demais direitos assegurados à união heteroafetiva. (DIAS; OPPERMANN, 2012).

Em seguida, a orientação sexual da identidade de gênero é diferenciada, sendo a primeira a "capacidade de cada pessoa de ter uma profunda atração emocional, afetiva ou sexual por indivíduos de gênero diferente, do mesmo gênero ou de mais de um gênero" (BRASIL, 2018, art. 1º, parágrafo único, I) e a segunda "a experiência interna e individual do gênero de cada pessoa, que pode ou não corresponder ao sexo atribuído no nascimento, incluindo o senso pessoal do corpo e outras expressões de gênero, inclusive vestimenta, modo de falar e maneirismos" (BRASIL, 2018, art. 1º, parágrafo único, II). Destaca também que, como todos nascem iguais em direitos e dignidade, é assegurada igual dignidade jurídica a heterossexuais, lésbicas, gays, bissexuais, transgêneros e intersexuais. Importa destacar que o vocábulo transgênero é conceituado da seguinte maneira: "pessoas cuja identidade de gênero, expressão de gênero ou comportamento não estão em conformidade com aqueles tipicamente associados com o sexo que lhes foi atribuído no nascimento, tais como travestis e transexuais" (BRASIL, 2018, art. 2º, parágrafo único).

O Estatuto garante uma gama de direitos para a população LGBTQIA+ que incluem, entre outros, o direito de constituir família, o da livre orientação sexual e identidade de gênero, o direito à não discriminação e o direito ao acesso à justiça e à segurança. Serão abordados a seguir alguns direitos que seriam reconhecidos aos transgêneros (em especial às crianças e aos adolescentes), caso esse indispensável estatuto entre em vigor.

Assegurando a livre orientação sexual e a identidade de gênero como direitos fundamentais, seria garantido a todos viver a plenitude de suas relações afetivas e sexuais, vedada qualquer ingerência de ordem estatal, social, religiosa ou familiar (art. 5º). E, em virtude disso, ninguém poderia sofrer discriminação em razão da orientação sexual ou identidade de gênero real ou presumida, por qualquer membro de sua família, da comunidade ou da sociedade (BRASIL, 2018, art. 6º).

As pessoas transgênero têm o direito à livre expressão de sua identidade de gênero (art. 31), sendo assegurado a elas o uso das dependências e instalações correspondentes à sua identidade em todos os espaços públicos e privados abertos ao público (art. 32).

O uso de banheiros públicos é uma questão de necessidade básica que deveria ser acessível a todo e qualquer indivíduo. Entretanto, a realidade é outra quando se é uma pessoa trans*, pois, além de enfrentar dificuldades para utilizar os banheiros, elas sofrem ofensas e ataques físicos nesses locais. Ao longo dos anos, surgiram várias decisões judiciais e publicações de pareceres e resoluções que concederam o direito à pessoa trans* de utilizar um banheiro no qual se identifique, seja em um ambiente escolar, locais públicos, *shoppings*, bares e parques, e o seu impedimento seria considerado um atentado aos direitos de igualdade, liberdade e dignidade da pessoa humana. O debate chegou ao STF através de um recurso extraordinário (RE nº 845.779/SC), quando a transexual Ama dos Santos Fialho foi impedida de usar o banheiro no Beiramar Shopping, centro de Florianópolis (SC), em agosto de 2008 (CRUZ; GUIMARÃES, 2016 *apud* BRASIL. Supremo Tribunal Federal, 2014).[37] Contudo, o referido julgamento ainda não foi finalizado e encontra-se parado desde 2015. Desta maneira, enquanto não existir uma legislação que garanta efetivamente esses direitos, os casos de transfobia não pararão de acontecer.

Ainda, o Estatuto da Diversidade regulamentaria, em seu artigo 34, os procedimentos médicos, cirúrgicos, hormonais, psicológicos e terapêuticos para a adequação da identidade de gênero da pessoa, garantindo a livre determinação das pessoas sobre seus corpos. A realização de todos esses procedimentos seria proporcionada pelo Sistema Único de Saúde (SUS).

Os procedimentos complementares não cirúrgicos (exemplo: hormonoterapia) poderiam se iniciar a partir da idade em que a criança e o adolescente expressarem sua identidade de gênero, mas desde que houvesse indicação terapêutica de equipe médica e multidisciplinar (art. 36). A cirurgia de transgenitalização, por sua vez, somente será autorizada a partir da maioridade civil, ou seja, aos 18 anos de idade (art. 37), sendo vedada qualquer intervenção médico-cirúrgica de caráter irreversível para a determinação de gênero em recém-nascidos e crianças diagnosticadas como intersexuais sempre que não existirem razões de saúde clínica, ou seja, risco de vida (art. 35). O Estado teria o dever de promover a capacitação em recursos humanos dos profissionais da

---

[37] Em agosto de 2008, a transexual Ama dos Santos Fialho tentou utilizar o banheiro feminino no Beiramar Shopping, em Florianópolis, Santa Catarina, mas foi impedida pelos seguranças do local, que a retiraram à força. Não achando nenhum outro banheiro, Ama fez as suas necessidades na própria roupa, e, para aumentar ainda mais o constrangimento, ela teve que usar o transporte público para voltar para casa toda suja. Diante deste incidente, Ama entrou na Justiça, ganhando indenização de R$ 15 mil por danos morais. Contudo, a defesa do Shopping recorreu e o Tribunal de Justiça de Santa Catarina considerou que aquele acontecimento tinha sido apenas um pequeno incômodo, derrubando assim a necessidade do pagamento de indenização por danos morais. Ama, então, recorreu ao STF, alegando que houve desrespeito aos princípios constitucionais de igualdade e dignidade da pessoa humana. A repercussão geral foi reconhecida. O relator, Ministro Luiz Roberto Barroso, votou pela garantia de que as pessoas transgênero usem o banheiro referente ao gênero a que declaram pertencer. O Ministro Edson Fachin concordou. Em seguida, o ministro Luiz Fux pediu vistas, adiando o julgamento para uma data indeterminada. Para maiores informações do caso, *vide* o artigo: CRUZ, Álvaro Ricardo de Souza; GUIMARÃES, Frederico Garcia. Supremo Tribunal Federal: entre a última palavra e diálogos interinstitucionais ou entre a autonomia e alteridade. *REPATS*, Brasília, V. 3, nº 2, p. 545-599, jul-dez, 2016. Disponível em: https://portalrevistas.ucb.br/index.php/REPATS/article/view/7746/pdf. Acesso em: 3 dez. 2020.

área de saúde para acolher transgêneros e intersexuais em suas necessidades e especificidades (art. 33).

Isso já é uma realidade no Brasil: os tratamentos garantidos no presente projeto já se realizam através do SUS, mas, com o Estatuto, esses direitos iriam ser assegurados com uma maior amplitude. Em 2008, foi instituído no SUS o Processo de Transgenitalização, passando a permitir às mulheres transexuais "o acesso a procedimentos com hormonização, cirurgias de modificação corporal e genital, assim como acompanhamento multiprofissional" (BENEVIDES, 2020).

Em 2013, a Portaria nº 2.803/2013 ampliou, redefiniu e aprimorou o Processo Transexualizador no SUS, dando a possibilidade aos homens trans* e às travestis de serem usuários/as dos procedimentos médicos e da cirurgia de transgenitalização, que até aquele momento assistiam apenas às mulheres transexuais. De acordo com esta Portaria, são requisitos básicos para ter acesso ao Processo Transexualizador: idade mínima de 18 anos para iniciar processo terapêutico e realizar hormonização; idade mínima de 21 anos para cirurgias de redesignação sexual, com indicação médica; necessidade de avaliações psicológicas e psiquiátricas durante um período de dois anos, com acompanhamentos e diagnóstico final que pode encaminhar ou não a paciente para a cirurgia (BRASIL. Ministério da Saúde, 2013).

Além disso, segundo a Resolução nº 2.265/19 do Conselho Federal de Medicina, durante a pré-puberdade não haverá qualquer intervenção hormonal ou cirúrgica, devendo a criança ser acompanhada por uma equipe multiprofissional e interdisciplinar a todo tempo. O bloqueio hormonal (interrupção da produção de hormônios sexuais) só terá início a partir da puberdade, sendo este um processo experimental, enquanto a hormonoterapia cruzada (reposição hormonal de acordo com a identidade de gênero), a partir dos 16 anos de idade, sendo necessário o acompanhamento ambulatorial especializado. Por sua vez, a cirurgia de redesignação de sexo só poderá ser realizada a partir dos 18 anos de idade.

Uma vez convertido em lei, o Estatuto da Diversidade garantiria às pessoas trans* o direito ao uso do nome social, pelo qual são reconhecidos e identificados, independentemente da realização de cirurgia de transgenitalização ou da retificação no assento do Registro Civil (art. 39). Em seu artigo 38, o Estatuto possibilitaria o uso do nome social em todos os órgãos públicos da administração direta e indireta, nas esferas federal, estadual, distrital e municipal; em fichas cadastrais, formulários, prontuários, entre outros documentos do serviço público em geral; nos registros acadêmicos e assentamentos escolares das instituições de ensino fundamental, médio e superior, tanto na rede pública como na rede privada. Já na Identificação Civil Nacional (ICN), além do nome que consta no registro civil, deverá conter um campo destinado ao nome social, cuja inclusão ocorrerá mediante simples requerimento formulado diretamente junto ao Cartório do Registro Civil.

Como já analisado anteriormente (*vide* subseção 4.1), o uso do nome social já é aceito para inscrições no Exame Nacional do Ensino Médio (ENEM), nas matrículas em escolas do ensino básico de todo o Brasil, na identificação no Cartão Nacional de Saúde (cartão do SUS), na carteira de identidade emitida pelos Conselhos Regionais de Psicologia e no âmbito da administração pública federal direta, autárquica e fundacional (Decreto nº 8.727/2016). Contudo, apesar de já existir este reconhecimento, a aprovação de uma legislação em nível nacional faria com que a utilização do nome social fosse garantida a toda população trans* em não só alguns, mas em todos os órgãos públicos e privados.

Com o Estatuto, o direito à retificação do prenome e da identidade sexual seria reconhecido, independentemente da realização da cirurgia de readequação sexual e de apresentação de perícias ou laudos médicos ou psicológicos (art. 39). O requerimento seria realizado diretamente no Cartório do Registro Civil, sem a necessidade de ação judicial ou a representação por advogado, sendo garantida ainda a gratuidade do procedimento (art. 40).

No caso de crianças e adolescentes transexuais, o pedido de retificação seria feito pelos pais ou responsáveis, ouvido o Ministério Público (art. 40, §3º), e, na falta de consentimento, haveria suprimento judicial (art. 40, §4º). Uma vez realizada a alteração no registro civil, seria garantida a retificação em todos os outros documentos, sem qualquer referência à causa da mudança (art. 41).

Como já analisado anteriormente, em 1º de março de 2018, o STF, ao julgar a ADI nº 4.275, reconheceu às pessoas trans* o direito à retificação do prenome e do gênero diretamente no registro civil, independentemente de cirurgia de redesignação, de decisão judicial ou de documentos médicos e psicológicos. Meses depois, o CNJ, através do Provimento nº 73/2018, regulamentou a atuação dos cartórios quanto ao tema em nível nacional. Com isso, o Brasil deu um importante passo para o reconhecimento da identidade de gênero autopercebida por pessoas transgênero.

Entretanto, quando regulamentado, o CNJ não só excluiu as crianças e adolescentes trans* da regulamentação, como também não previu expressamente que o procedimento administrativo de retificação fosse gratuito para todos e todas que não tivessem condições financeiras. A ausência de gratuidade provoca dificuldades em retificações protocolizadas em cartórios, pois a grande maioria da população trans* não possui condições socioeconômicas para arcar com os custos por serem excluídos socialmente, vivendo às margens da sociedade.

Ainda, o Estatuto dispõe, em seu artigo 49, que não pode ser feita, por médicos, psicólogos e demais profissionais da área da saúde, a promoção de qualquer ato que favoreça a patologização da orientação sexual ou identidade de gênero ou que coaja lésbicas, gays, bissexuais, transgêneros ou intersexuais a se submeterem a tratamentos não solicitados. Além disso, é vedado que os pais obriguem os seus filhos a realizarem "terapias visando à mudança de sua orientação sexual ou identidade de gênero, devendo ser respeitada sua peculiar condição de pessoa em desenvolvimento" (BRASIL, 2018, art. 49, parágrafo único). Ainda, ficariam o médico, o psicólogo e os demais profissionais de saúde proibidos de oferecer qualquer forma de tratamento de reversão da orientação sexual ou identidade de gênero, devendo tal conduta ser considerada um crime e uma afronta à ética profissional (art. 50).

Em março de 1999 o Conselho Federal de Psicologia criou a Resolução nº 1/1999, que estabelece normas de atuação para os psicólogos em relação à questão da orientação sexual. Entre elas, há a proibição de psicólogos exercerem "qualquer ação que favoreça a patologização de comportamentos ou práticas homoeróticas, nem adotarão ação coercitiva tendente a orientar homossexuais para tratamentos não solicitados" (CONSELHO FEDERAL DE PSICOLOGIA, 1999, art. 3º). No que diz respeito à identidade de gênero, existe a Resolução CFP nº 1 de 29 de janeiro de 2018, que estabelece normas de atuação aos psicólogos em relação aos transexuais e travestis. Entre as várias regras, há de se destacar a vedação de os psicológicos, em exercício profissional, exercerem qualquer ação que favoreça a patologização da transgeneridade, visando terapias de conversão, reversão, readequação ou reorientação de identidade de gênero desses indivíduos (art. 8). Apesar de serem bastante importantes para o reconhecimento e respeito à orientação sexual e identidade de gênero, essas duas Resoluções não criminalizam a prática de tratamento de reversão sexual e se restringem apenas aos psicólogos e psicólogas.

No que diz respeito à educação, o PLS nº 134/2018 busca combater a LGBTfobia nos estabelecimentos públicos e privados de ensino através da promoção da liberdade, tolerância, igualdade, diversidade e respeito entre as pessoas, independentemente de sua orientação sexual ou identidade de gênero (art. 56). Para que isto aconteça, todos aqueles que trabalham nos estabelecimentos de ensino (professores, diretores, supervisores, psicólogos, psicopedagogos etc.) "têm o dever de evitar qualquer atitude preconceituosa ou discriminatória por orientação sexual e identidade de gênero" (BRASIL, 2018, art. 57).

Além disso, seria assegurado aos transgêneros, desde o ato da matrícula, o uso do nome social em todos os estabelecimentos de ensino fundamental, médio e superior, devendo ele constar em todos os registros acadêmicos (art. 57). O pedido seria feito por escrito pelo próprio aluno e, mesmo sendo incapaz, não haveria a necessidade de concordância dos pais.

Em janeiro de 2018, o Ministério da Educação (MEC) homologou a Resolução nº 01/2018, que permite que estudantes transexuais e travestis possam utilizar nome social na matrícula e nos registros escolares de Educação Básica (Educação Infantil, o Ensino Fundamental obrigatório de nove anos e o Ensino Médio). Enquanto os alunos maiores de 18 anos podem solicitar o uso do nome social durante a matrícula ou a qualquer momento sem a necessidade de autorização, os menores de 18 anos farão a solicitação, por meio de seus representantes legais, em conformidade com o disposto no artigo 1.690 do Código Civil e no Estatuto da Criança e do Adolescente. O que difere com relação à Resolução do Estatuto da Diversidade é que, além da necessidade ou não de autorização quando o aluno é civilmente incapaz, enquanto o Código e o Estatuto se limitam à educação básica, a Resolução vai além, englobando, também, o ensino superior.

Quanto ao tratamento de socioeducandos transgênero, o Estatuto prevê que seria dever do Estado "implementar ações de ressocialização e proteção da juventude em conflito com a lei e expostas a experiências de exclusão social em face de sua orientação sexual ou identidade de gênero, com ênfase para as ações em prol da juventude" (BRASIL, 2018, art. 87).

Como não há, hoje, um dispositivo de proteção de crianças e adolescentes transgênero em conflito com a lei em nível nacional, esses indivíduos passam a depender de Regimentos Internos dos centros de atendimento socioeducativo de cada estado. A título exemplificativo, existe a Portaria Normativa nº 325/2018 do Estado de São Paulo, que institui como direito do adolescente "cumprir a medida socioeducativa em Centros de Atendimento Socioeducativo femininos ou masculinos de acordo com a identidade de gênero do(da) adolescente, mediante a avalição de equipe multiprofissional" (SÃO PAULO, 2018, art. 12, XX). E, caso não conste nada a respeito, estas crianças e adolescentes devem recorrer ao Poder Judiciário para que possam ter seus direitos respeitados e reconhecidos. A depender de cada caso, os pedidos variam desde o respeito ao nome social até a mudança de unidade de internação de acordo com a identidade autopercebida.

Uma vez convertido em Projeto de Lei do Senado, o Estatuto da Diversidade teria de passar pela análise das seguintes comissões: a Comissão de Transparência, Governança, Fiscalização e Controle e Defesa do Consumidor (CTFC), a Comissão de Educação, Cultura e Esporte (CE), a Comissão de Assuntos Sociais (CAS) e, finalmente, a Comissão de Constituição, Justiça e Cidadania (CCJ). Em dezembro de 2020 verificou-se que o Estatuto continua em tramitação perante o Senado Federal e encontra-se junto da CTFC, aguardando emissão do relatório do Senador Paulo Rocha desde 15 de março de 2019.

O direito à identidade de gênero das pessoas transgênero está sendo reconhecido, portanto, parcialmente, através de decisões diversas, espalhadas pelo território nacional. Porém, ao mesmo tempo que existem esses importantes avanços feitos por decretos, resoluções, pareceres e decisões judiciais que lutam pelo reconhecimento dos direitos e garantias da população LGBTQIA+ por ajudar a facilitar a vida de milhares de pessoas esquecidas pela lei, fica evidenciado o caos jurídico que deve ser resolvido. Além disso, não há garantias de continuidade destas conquistas, haja vista que o Poder Judiciário pode mudar seu entendimento acerca da matéria a qualquer momento. Então, o que falta é uma lei federal "que dê uma solução definitiva à confusão reinante" (BRASIL, 2013).

É necessário que haja um maior empenho dos legisladores, a fim de criar dispositivos que regulamentem e assegurem efetivamente estes direitos. Dito isto, as crianças e adolescentes trans* fazem parte de uma minoria da sociedade alvo de preconceitos e de discriminação, razão pela qual merecem uma tutela diferenciada para terem, assim, seus direitos reconhecidos. A edição de um conjunto de normas, representadas pelo Estatuto da Diversidade Sexual, resultaria no reconhecimento jurídico e no respeito social à comunidade LGBTQIA+ e garantiria efetivamente a essa parcela da população o direito à vida, à integridade física e psíquica, à inclusão social e, principalmente, à dignidade da pessoa humana.

CONSIDERAÇÕES FINAIS

A pesquisa ora apresentada teve como corte temático a transidentidade na infância e adolescência e o direito à retificação do prenome e do gênero no registro civil de pessoas transgênero pela via administrativa ou judicial.

A identidade de gênero é o direito que cada ser humano tem de ser reconhecido como realmente é. Por isso, o indivíduo deve ver respeitado o direito à sua própria imagem real, segundo os valores que crê e não por aquilo que a sociedade lhe impôs quando da sua vinda ao mundo. Sem a retificação do prenome e do gênero em seus documentos, as pessoas transgênero passam por situações vexatórias e constrangedoras perante o meio social, por sua identidade de gênero apresentar forma diversa ao nome civil no registro de nascimento.

Assim, ficou demonstrado neste estudo que, após anos de luta por reconhecimento e respeito, a população trans* conquistou, sim, o seu direito à substituição do prenome e do gênero diretamente no registro civil, independentemente de cirurgia de transgenitalização, de laudos médicos ou de decisão judicial, em virtude da decisão do julgamento da Ação Direta de Inconstitucionalidade nº 4.275 pelo Supremo Tribunal Federal, marco importantíssimo na história da luta contra a discriminação trans*.

Além disso, foi visto que, antes da ADI, já era possível a retificação no registro civil, mas somente pela via judicial e com o entendimento dominante de só ser possível desde que fosse realizada a cirurgia de transgenitalização, o que se verificava com grande dificuldade, principalmente quando se tratava de crianças e adolescentes trans*. Desde então, a discussão existente passou a ser sobre a possibilidade ou não de alterar o prenome e o gênero da pessoa transgênero no registro, mesmo sem a cirurgia. Como investigado, na segunda década dos anos 2000, houve uma evolução jurisprudencial e, por meio da decisão da ADI nº 4.275, o Brasil deu um passo bastante importante para o reconhecimento da identidade de gênero autopercebida por transexuais e travestis.

No entanto, apesar deste grande avanço, foi destacado na pesquisa que ainda existem alguns obstáculos para a efetivação da retificação, principalmente em razão do Provimento nº 73/2018 do Conselho Nacional de Justiça. Além de impor diversas condições, tal regulamentação foi silente em relação às crianças e aos adolescentes, que passaram a continuar dependendo de um Poder Judiciário moroso e burocrático.

Por serem pessoas que ainda estão em fase de desenvolvimento da personalidade, foi analisado que as crianças e os adolescentes precisam de atenção especial pela sua vulnerabilidade. Portanto, os princípios da prioridade absoluta e do melhor interesse devem prevalecer sempre que estes estiverem envolvidos em um conflito ou que possam ferir suas dignidades. Enquanto a Corte Interamericana de Direitos Humanos, no bojo da Opinião Consultiva nº 24/2017, previu expressamente os direitos de crianças e adolescentes procederem à retificação de seus registros civis, a jurisdição nacional simplesmente os deixou de lado. A demora judicial pode causar sérios danos a estes indivíduos, pois, além de terem a sua identidade negada, eles irão sofrer violência causada pela falta de documentos que possam identificá-los corretamente.

Além disso, os estudos realizados indicaram que, em virtude da burocracia, da morosidade judicial e da insegurança jurídica, há a patente necessidade da existência de leis que possam regulamentar a situação da criança e do adolescente transexual no direito brasileiro, assegurando a eles o direito à vida, à integridade física e à inclusão social. O Poder Judiciário não substitui o Poder Legislativo, pois este tem a obrigação de proteger o direito de todos os cidadãos, principalmente daqueles que se encontram em situação de vulnerabilidade, no presente caso trazido para estudo: as pessoas trans*.

Ao legitimar direitos em regras legais, a sociedade tende a amenizar preconceitos sociais existentes. Assim, com a edição e aprovação de um conjunto de normas que reconhecesse os direitos e garantias da população trans*, haveria um grande passo ao reconhecimento jurídico e ao respeito social dessas pessoas perante a sociedade. Uma legislação específica que aborde questões de identidade de gênero, como o Estatuto da Diversidade que ainda está em tramitação no Senado

Federal, é uma das soluções para que os direitos das crianças e adolescentes trans* sejam efetivamente garantidos, sem dependerem apenas de decisões judiciais.

Diante do exposto, por estarem sujeitos à marginalização e à exclusão social, foi demonstrado que as pessoas transgênero, em especial as crianças e os adolescentes, merecem uma tutela protetiva diferenciada e mais atenta para terem seus direitos reconhecidos. Democracia é um direito efetivamente de todos, não só da maioria.

REFERÊNCIAS

AMIN, Andréa Rodrigues. Evolução Histórica do Direito da Criança e do Adolescente. In: MACIEL, Kátia Regina Ferreira Lobo Andrade (Coord.). *Curso de Direito da Criança e do Adolescente*. 3. ed. Rio de Janeiro: Lumen Juris, 2008.

AMORIM, José Roberto Neves. *Direito ao nome da pessoa física*. São Paulo: Saraiva, 2003.

ANDRADE, Luma Nogueira de. *Travestis na escola*: assujeitamento e resistência à ordem normativa. Tese (doutorado) – Universidade Federal do Ceará, Faculdade de Educação, Programa de Pós-Graduação em Educação, Fortaleza, 2012.

ANDRADE, Régis Willyan da Silva. O Diálogo entre os Direitos Fundamentais e os Direitos Humanos para criação de um Sistema Jurídico Multinível. *Revista de Estudos Constitucionais, Hermenêutica e Teoria do Direito (RECHTD)*, 9(1):75-89, jan.-abr. 2017. Disponível em: http://revistas.unisinos.br/index.php/RECHTD/article/view/rechtd.2017.91.08. Acesso em: 04 jan. 2021.

APÓS bullying escolar, transexual suicida-se em noite de Natal. Disponível em: https://leiamaisba.com.br/2016/01/02/apos-bullying-escolar-transexual-suicida-se-em-noite-de-natal. Acesso em: 24 set. 2019.

ARÁN, Márcia. *A transexualidade e a gramática normativa do sistema sexo-gênero*. Rio de Janeiro: Ágora, v. IX n. 1, 2006 p. 49-63.

ARARUNA, Maria Léo Fontes Borges. *O direito à cidade em uma perspectiva travesti*: uma breve autoetnografia sobre socialização transfeminina em espaços urbanos. *Revista de Estudos Indisciplinares em Gêneros e Sexualidades – Periódicus*, Salvador, n. 8, v. 1, nov. 2017-abr. 2018.

ARÁUJO, Pollyana. *'Não aceitava vestir roupa de menino', diz mãe de criança que trocará nome*. G1 Mato Grosso, 04/02/2016. Disponível em: http://g1.globo.com/mato-grosso/noticia/2016/02/tentou-cortar-o-penis-aos-3-anos-diz-mae-de-menino-que-trocara-de-nome.html. Acesso em: 08 dez. 2019.

ARGENTINA. *Ley No. 26.743 de Mayo 23 de 2012*. Disponível em: https://www.buenosaires.gob.ar/sites/gcaba/files/ley_26.743_de_identidad_de_genero.pdf. Acesso em: 15 jul. 2020.

ASCOM/DPE-SP. *Após ação da Defensoria, Justiça reconhece possibilidade de retificação de registro civil de adolescente trans*. ANADEP, São Paulo, 14 de janeiro de 2020. Disponível em: https://www.anadep.org.br/wtk/pagina/materia?id=42940. Acesso em: 25 set. 2020.

AZEVEDO, Carolina Cravo de. *O reconhecimento da identidade de gênero e a possibilidade de alteração do nome e do sexo no registro civil do transexual.* 2017. 64f. Trabalho de Conclusão de Curso (Graduação em Direito) – Escola de Ciências Jurídicas, Universidade Federal do Estado do Rio de Janeiro (UNIRIO), Rio de Janeiro, 2017.

BAGAGLI, Beatriz Pagliarini. A diferença trans no gênero para além da patologização. *Revista de Estudos Indisciplinares em Gêneros e Sexualidades – Periódicus,* Salvador, n. 5, v. 1, maio-out. 2016.

BARBOSA, Maria Júlia Leonel. *É babado, confusão e gritaria*: as histórias de travestis recifenses sob um olhar da criminologia crítica. Dissertação (mestrado em Ciências Jurídicas) – Universidade Federal da Paraíba, João Pessoa, 2016.

BARCELOS, S. M.; VIEIRA, Tereza Rodrigues. O menor transgênero emancipado e o direito à adequação do nome e do gênero na via extrajudicial. *In*: VIEIRA, Tereza Rodrigues (org.). *Transgêneros.* Brasília-DF: Zakarewicz Editora, 2019. v. 1. p. 111-129.

BARROS, Mariana. A saga dos transgêneros. *Revista Veja,* 19 ago. 2017. Disponível em: https://veja.abril.com.br/revista-veja/a-saga-dos-transgeneros/. Acesso em: 24 ago. 2019.

BENEVIDES, Bruna. *Como acessar o SUS para questões de transição?* ANTRA (Associação Nacional de Travestis e Transexuais), 27 jul. 2020. Disponível em: https://antrabrasil. org/2020/07/27/como-acessar-o-sus-para-questoes-de-transicao/. Acesso em: 10 set. 2019.

BENTO, Berenice Alves de Melo. *O que é transexualidade.* São Paulo: Brasiliense, 2008.

BENTO, Berenice Alves de Melo. Nome social para pessoas trans: cidadania precária e gambiarra legal. *Contemporânea,* v. 4, n. 1 p. 165-182, jan.-jun. 2014. Disponível em: http://www.contemporanea.ufscar.br/index.php/contemporanea/article/view/197/101. Acesso em: 06 mar. 2021.

BENTO, Berenice Alves de Melo. *Transviad@s* – gênero, sexualidade e direitos humanos. Salvador: EDUFBA, 2017.

BENTO, Berenice Alves de Melo. *A reinvenção do corpo*: sexualidade e gênero na experiência transexual. Salvador: Devires, 2017.

BLOWER, Ana Paula. Crianças e adolescentes transgênero fazem atendimento psicológico até a vida adulta. *O Globo,* 09 jun. 2019. Disponível em: https://oglobo.globo.com/sociedade/celina/criancas-adolescentes-transgenero-fazem-atendimento-psicologico-ate-vida-adulta-23727485 Acesso em: 15 dez. 2019.

BONNA, Alexandre Pereira; LEAL, Pastora do Socorro Teixeira. Proteção Multinível de Direitos Humanos nas Relações Privadas por Meio do reconhecimento dos novos danos. In: PEDEMONTE, Olga Diaz; SANCHES, Samyra Haydêe Dal Farra Naspolini (coord.). *Direito internacional dos direitos humanos III [Recurso eletrônico on-line].* Florianópolis: CONPEDI, 2016. Disponível em: http://conpedi.danilolr.info/publicacoes/9105o6b2/081s6j67/oWk6g4H1y4Lah282.pdf. Acesso em: 10 jan. 2021.

BRANDELLI, Leonardo. *Nome civil da pessoa natural.* São Paulo: Saraiva, 2012.

REFERÊNCIAS | 163

BRASIL. [Constituição (1988)]. *Constituição da República Federativa do Brasil de 1988.* Brasília, DF: Presidência da República, [2016]. Disponível em: http://www.planalto.gov. br/ccivil_03/constituicao/constituicao.htm. Acesso em: 11 jan. 2020.

BRASIL. Conselho Nacional de Justiça. *Provimento 73 de 28 de junho de 2018.* Dispõe sobre a averbação da alteração do prenome e do gênero nos assentos de nascimento e casamento de pessoa transgênero no Registro Civil das Pessoa Naturais. Brasília, 2018. Disponível em: https://www.conjur.com.br/dl/cnj-regulamenta-alteracoes-nome-sexo. pdf. Acesso em: 30 out. 2020.

BRASIL. *Decreto-Lei nº 99.710, de 21 de novembro de 1990.* Promulga a Convenção sobre os Direitos da Criança. Brasília, DF, 1990. Disponível em: https://www.unicef.org/brazil/ convencao-sobre-os-direitos-da-crianca. Acesso em: 13 fev. 2020.

BRASIL. *Decreto nº 8.727, de 28 de abril de 2016.* Dispõe sobre o uso do nome social e o reconhecimento da identidade de gênero de pessoas travestis e transexuais no âmbito da administração pública federal direta, autárquica e fundacional. Brasília, DF, 2016. Disponível em: http://www.planalto.gov.br/ccivil_03/_ato2015-2018/2016/Decreto/D8727. htm. Acesso em: 15 ago. 2020.

BRASIL. *Decreto nº 9.278, de 5 de fevereiro de 2018.* Regulamenta a Lei nº 7.116, de 29 de agosto de 1983, que assegura validade nacional às Carteiras de Identidade e regula sua expedição. Brasília, DF, 2018. Disponível em: http://www.planalto.gov.br/ccivil_03/_ Ato2015-2018/2018/Decreto/D9278.htm. Acesso em: 03 nov. 2020.

BRASIL. *Lei nº 6.015, de 31 de dezembro de 1973.* Dispõe sobre os registros públicos e dá outras providências. Brasília, DF, 1973. Disponível em: http://www.planalto.gov.br/ ccivil_03/leis/L6015consolidado.htm. Acesso em: 14 out. 2020.

BRASIL. *Lei nº 8.069, de 13 de julho de 1990.* Dispõe sobre o Estatuto da Criança e do Adolescente, e dá outras providências. Brasília, DF, 1990. Disponível em: http://www. planalto.gov.br/ccivil_03/leis/l8069.htm. Acesso em: 06 maio 2020.

BRASIL. *Lei nº 10.406, de 10 de janeiro de 2002.* Dispõe sobre o Código Civil. Disponível em: http://www.planalto.gov.br/ccivil_03/leis/2002/L10406compilada.htm. Acesso em: 02 ago. 2020.

BRASIL. *Lei nº 13.257, de 8 de março de 2016.* Dispõe sobre as políticas públicas para a primeira infância e dá outras providencias. Disponível em: http://www.planalto.gov.br/ ccivil_03/_ato2015-2018/2016/lei/l13257.htm. Acesso em: 23 jun. 2020.

BRASIL. *Projeto de Lei nº 5.002, de 20 de fevereiro de 2013.* Dispõe sobre o direito à identidade de gênero e altera o art. 58 da Lei nº 6.015 de 31 de dezembro de 1973. Arquivado. Brasília, 20 mar. 2013.

BRASIL. *Resolução nº 93, de 1970.* Dá nova redação ao Regimento Interno do Senado Federal. Brasília, DF, 1970. Disponível em: https://www25.senado.leg.br/documents/12427/45868/ RISF+2018+Volume+1.pdf/cd5769c8-46c5-4c8a-9af7-99be436b89c4. Acesso em: 13 dez. 2020.

BRASIL. Ministério da Educação. *Resolução nº 1*, de 19 de janeiro de 2018. Define o uso do nome social de travestis e transexuais nos registros escolares. Disponível em: http://portal.mec.gov.br/index.php?option=com_docman&view=download&alias=81001-rcp001-18-pdf&category_slug=janeiro-2018-pdf&Itemid=30192. Acesso em: 20 set. 2020.

BRASIL. Ministério da Saúde. *Portaria nº 2.803, de 19 de novembro de 2013*. Redefine e amplia o Processo Transexualizador no Sistema Único de Saúde (SUS). 2013. Disponível em: http://bvsms.saude.gov.br/bvs/saudelegis/gm/2013/prt2803_19_11_2013.html. Acesso em: 05 nov. 2020.

BRASIL. Senado Federal. *Parecer (SF) nº 19, de 2018*. Da Comissão de Direitos Humanos e Legislação Participativa, sobre a Sugestão nº 61, de 2017, que institui o Estatuto da Diversidade Sexual e Gênero. Brasília, 2018. Disponível em: https://legis.senado.leg.br/sdleg-getter/documento?dm=7650302&ts=1593906419339&disposition=inline. Acesso em: 15 dez. 2020.

BRASIL. Supremo Tribunal Federal. Ação Direita de Constitucionalidade nº 4.275. Dispõe sobre *todo o trâmite da ADIN iniciando com a petição inicial da PGR. Brasília*. DF, 21 de jul. 2009. Disponível em: http://redir.stf.jus.br/estfvisualizadorpub/jsp/consultarprocessoeletronico/ConsultarProcessoEletronico.jsf?seqobjetoincidente=2691371. Acesso em: 16 out. 2020.

BRASIL. Supremo Tribunal Federal. *Ação direta de inconstitucionalidade nº 4.275/DF* – Distrito Federal. Relator: Min. Marco Aurélio. 02 março de 2018. Disponível em: http://www.stf.jus.br/arquivo/cms/noticiaNoticiaStf/anexo/ADI4.275VotoEF.pdf. Acesso em 16 out. 2020.

BRASIL. Supremo Tribunal Federal. *Recurso Extraordinário 845.779/SC*. Relator: Ministro Roberto Barroso, Brasília, 13 nov. 2014.

BRASIL. Supremo Tribunal Federal. *Recurso Extraordinário 670.422/RS*. Relator: Ministro Dias Toffoli, Brasília, 01 mar. 2018.

BRASIL. Superior Tribunal de Justiça. *RESP 1.626.739 RS*. 4ª Turma, Rel. Min. Luís Felipe Salomão. DJE 01 ago. 2017.

BRASIL. Tribunal de Justiça da Bahia. *APL 03683226420128050001*, Des. Rel. José Olegário Monção Caldas, DJ 15 out. 2013.

BRASIL. Tribunal de Justiça de Minas Gerais. *Apelação Civil nº 10521130104792001 MG*, Des. Rel. Edilson Fernandes, DJ 07 maio 2014.

BRASIL. Tribunal de Justiça do Rio Grande do Sul. *Apelação Civil nº 70011691185*, Des. Rel. Maria Berenice Dias, DJ 15 set. 2005.

BRASIL. Tribunal de Justiça do Rio Grande do Sul. *Apelação Cível nº 70019900513*, Des. Rel. Claudir Fidélis Faccenda, DJ 11 mar. 2008.

BRASIL. Tribunal de Justiça do Rio Grande do Sul. *Apelação Cível nº 70057414971*, Oitava Câmara Cível, Tribunal de Justiça do RS, Relator: Rui Portanova, Julgado em 05 jun. 2014a.

BRASIL. Tribunal do Rio Grande do Sul. *Apelação Civil nº 70060592045*. Relator: Sérgio Fernando de Vasconcellos. Julgado em: 27 ago. 2014b.

REFERÊNCIAS | **165**

BRASIL. Tribunal de Justiça de São Paulo. *APL 320109120108260602* SP, Des. Rel. Mendes Pereira, DJ 28 nov. 2012.

BUERGENTHAL, Thomas. Derecho Internacional de los Derechos Humanos: breve visión de los mecanismos. IN: PIOVESAN, Flávia. *Direitos Humanos e Justiça Internacional*: um estudo comparativo dos Sistemas Regionais Europeu, Interamericano e Africano. 3. ed. rev., ampl. e atual. São Paulo: Saraiva, 2012.

BUTKOVSKY JUNIOR, Carlos Alberto. *Identidade de gênero e reconhecimento:* o registro do Nome social no meio acadêmico (um estudo de caso na UFES). 2017. Dissertação (Mestrado em Gestão Pública). Centro de Ciências Jurídicas e Econômicas da Universidade Federal do Espírito Santo. Espírito Santo, 2017.

BUTLER, Judith P. *Problemas de gênero*: feminismo e subversão da identidade. Rio de Janeiro: Civilização Brasileira, 2018.

BUTLER, Judith. *Quadros de Guerra*: quando a vida é passível de luto? 6. ed. Rio de Janeiro: Civilização Brasileira, 2019.

CAMBI, Eduardo; NICOLAU, Camila Christiane Rocha. *STF reconhece a transgêneros possibilidade de alteração de registro civil sem mudança de sexo (ADI 4275).* Disponível em: http://docplayer.com.br/127962136-Stf-reconhece-atransgeneros-possibilidade-de-alteracao-de-registro-civil-sem-mudanca-de-sexo-adi4275.html. Acesso em: 06 set. 2020.

CAPARICA, Marcio. *Dúvidas Crianças Transgênero*. UOL, 20/10/2015. Disponível em http://ladobi.uol.com.br/2015/10/duvidas-criancas-transgenero. Acesso em: 7 dez. 2019.

CAPPARELLI, Sergio; ALBUQUERQUE, Fernanda. *A infância no mundo ocidental*. [s.d.] Disponível em: http://www.capparelli.com.br/1.php. Acesso em: 16 dez. 2019.

CASTRO, Cristina Veloso de. *As garantias constitucionais das pessoas transexuais*. 1. ed. São Paulo: Boreal Editora, 2016.

CAZARRÉ, Marieta. *Transexuais*: descoberta sobre gênero e identidade começa na infância. Disponível em: http://agenciabrasil.ebc.com.br/direitos-humanos/noticia/2015-11/transexuais-descoberta-sobre-genero-e-identidade-comeca-na-infancia. Acesso em: 23 set. 2019.

CERINO, Beatriz. *Lugar de fala*: saiba o que significa e qual é a importância do conceito. NSC Total, 21 nov 2020. Disponível em: https://www.nsctotal.com.br/noticias/lugar-de-fala. Acesso em: 07 mar. 2021.

CHOERI, Raul Cleber da Silva. *O direito à identidade na perspectiva civil-constitucional*. Rio de Janeiro: Renovar, 2010.

CHRISTIANE Amanpour. *Amor e Sexo pelo Mundo*. Terceiro episódio: Dehli. Direção: Sally Freeman. Produção: Sally Freeman. Roteiro: Christiane Amanpour. [S.l] Zero Point Zero Production, Inc. 2018. Disponível na Netflix.

COELHO, Fábio Ulhoa. *Curso de direito civil (livro eletrônico):* família, sucessões. Vol. 5. 2. ed. São Paulo: Thomson Reuters Brasil, 2020.

COLLING, Leandro. *Gênero e sexualidade na atualidade*. Salvador: UFBA, Instituto de Humanidades, Artes e Ciências; Superintendência de Educação a Distância, 2018.

COLUCCI, Camila Fernanda Pisinato. *Princípio do melhor interesse da criança: construção teórica e aplicação prática no direito brasileiro*. 2014. Dissertação (Mestrado em Direito Civil). Faculdade de Direito de São Paulo, São Paulo, 2014. Disponível em: https://www.teses. usp.br/teses/disponiveis/2/2131/tde-25022015-083746/pt-br.php. Acesso em: 20 jan. 2021.

COMISSÃO DE DIREITOS HUMANOS E LEGISLAÇÃO PARTICIPATIVA. *Projeto de Lei do Senado nº 134, de 2018*. Institui o Estatuto da Diversidade Sexual e de Gênero. 2018. Disponível em: https://legis.senado.leg.br/sdleg-getter/documento?dm=7651096&ts=159 4015644925&disposition=inline. Acesso em: 20 nov. 2020.

CONSELHO FEDERAL DE MEDICINA (CFM). *Resolução CFM nº 1.955/10*. Dispõe sobre a cirurgia de transgenitalismo e revoga a Resolução CFM nº 1.652/02. 2010. Disponível em: https://direito.mppr.mp.br/arquivos/File/3resolucaoCFM1955.pdf Acesso em: 23 nov. 2020.

CONSELHO FEDERAL DE MEDICINA (CFM). *Resolução nº 2.265, de 20 de setembro de 2019*. Dispõe sobre o cuidado específico à pessoa com incongruência de gênero ou transgênero e revoga a Resolução CFM nº 1.955/2010. 2019. Disponível em: https://www. in.gov.br/en/web/dou/-/resolucao-n-2.265-de-20-de-setembro-de-2019-237203294. Acesso em: 15 out. 2019.

CONSELHO FEDERAL DE PSICOLOGIA (CFP). *Resolução CFP nº 001/99 de 22 de março de 1999*. Estabelece normas de atuação para os psicólogos em relação à questão da Orientação Sexual. 1999. Disponível em: https://site.cfp.org.br/wp-content/uploads/1999/03/ resolucao1999_1.pdf. Acesso em: 30 nov. 2019.

CONSELHO FEDERAL DE PSICOLOGIA (CFP). *Resolução nº 1, de 29 de janeiro de 2018*. Estabelece normas de atuação para as psicólogas e os psicólogos em relação às pessoas transexuais e travestis. Disponível em: https://site.cfp.org.br/wp-content/uploads/2018/01/ Resolu%C3%A7%C3%A3o-CFP-01-2018.pdf. Acesso em: 16 nov. 2019.

CONSELHO NACIONAL DE COMBATE À DISCRIMINAÇÃO E PROMOÇÕES DOS DIREITOS DAS LÉSBICAS, GAYS, BISSEXUAIS, TRAVESTIS E TRANSEXUAIS – CNCD/ LGBT. *Resolução nº 12 de 16 de janeiro de 2015*. Estabelece parâmetros para a garantia das condições de acesso e permanência de pessoas travestis e transexuais – e todas aquelas que tenham sua identidade de gênero não reconhecida em diferentes espaços sociais – nos sistemas e instituições de ensino, formulando orientações quanto ao reconhecimento institucional da identidade de gênero e sua operacionalização. 2015. Disponível em: http:// www.educadores.diaadia.pr.gov.br/arquivos/File/dedi/resolucao12_2015_cncdlgbt.pdf. Acesso em: 13 jan. 2020.

CORREA, Crishna Mirella de Andrade. *Subjetividades em trânsito:* nome social, travestilidades e transexualidades em duas universidades públicas do sul do Brasil. Tese (doutorado) – Universidade Federal de Santa Catarina, Centro de Filosofia e Ciências Humanas. Programa de Pós-Graduação Interdisciplinar em Ciências Humanas, Florianópolis, 2017.

REFERÊNCIAS | 167

CORTE EUROPEIA DE DIREITOS HUMANOS (CEDH). *Caso A.P, Émile Garçon e Stéphane Nicot v. França*, 2017. Disponível em: http://hudoc.echr.coe.int/eng?i=001-172913 Acesso em: 30 jun. 2020.

CORTE INTERAMERICANA DE DIREITOS HUMANOS (CIDH). *Opinião Consultiva 24/2017*, 2017. Disponível em: http://www.corteidh.or.cr/docs/opiniones/seriea_24_esp.pdf. Acesso em: 16 jun. 2020.

CORTE INTERAMERICANA DE DIREITOS HUMANOS (CIDH). *Princípios de Yogyacarta*, 2006. Disponível em: http://www.dhnet.org.br/direitos/sos/gays/principios_de_yogyakarta.pdf. Acesso em: 20 jun. 2020.

COSTA, Antonio Carlos Gomes. *Natureza e implantação do novo Direito da Criança e do Adolescente*. Rio de Janeiro: Renovar, 2002.

CUNHA, Clarissa de Oliveira Gomes Marques da; SILVA FILHO, Lúcio Marcos da. Tutela Multinível de Direitos: alternativa para a efetivação do pluralismo jurídico no novo constitucionalismo latino-americano. *Revista Jurídica*, vol. 03, n. 60, Curitiba, 2020. p. 498-529. Disponível em: http://revista.unicuritiba.edu.br/index.php/RevJur/article/view/4198 Acesso em: 06 jan. 2021.

CURY; Garrido; Marçura. *Estatuto da Criança e do Adolescente anotado*. 3. ed. rev. e atual. São Paulo: Ed. Revista dos Tribunais, 2002.

CURY, M.; AMARAL E SILVA, A. F.; MENDEZ, E. G. (Coord.). *Estatuto da Criança e do Adolescente Comentado*: comentários jurídicos e sociais. 3. ed. rev. atual. São Paulo: Malheiros, 2000.

DEFENSORIA PÚBLICA DO PARANÁ. *A despatologização da transexualidade*. DPE-PR, 05 jul. 2018. Disponível em: http://www.defensoriapublica.pr.def.br/2018/07/1071/A-despatologizacao-da-transexualidade.html. Acesso em: 15 jan. 2020.

DESLAURIERS, J. P.; KÉRISIT, M. O delineamento de pesquisa qualitativa. In: POUPART, J., et al. *A pesquisa qualitativa – enfoques epistemológicos e metodológicos*. Petrópolis, RJ: Vozes, 2010. p. 127-153.

DIAS, Daniela Filipa Santos de Paiva. *Transexualismo e endocrinologia*. Dissertação (Mestrado Integrado em Medicina) – Faculdade de Medicina da Universidade de Coimbra. Coimbra, 2012.

DIAS, Maria Berenice; OPPERMANN, Marta Cauduro. *Estatuto da Diversidade Sexual*: a promessa de um Brasil sem preconceito. 04 jun. 2012. Disponível em: http://www.ibdfam.org.br/_img/artigos/Maria%20Berenice%20Dias%2004_06_2012.pdf. Acesso em: 15 jan. 2020.

DIAS, Maria Berenice. *Homoafetividade e os direitos LGBTI*. 6. ed. São Paulo: Editora Revista dos Tribunais, 2014.

DIAS, Mara Berenice. Um histórico da patologização da transexualidade e uma conclusão evidente: a diversidade é saudável. *Gênero & Direito*, vol. 3, n. 2, 30 jul. 2014.

DIAS, Maria Berenice. *Diversidade Sexual e Direito Homoafetivo*. 3. ed. São Paulo: RT, 2017.

DINIZ, Maria Helena. *Curso de Direito Civil Brasileiro*: teoria geral do direito civil. 29. ed. São Paulo: Saraiva, 2012.

DUMARESQ, Leila. O cisgênero existe. In: *Transliteração*, 2014. Disponível em: http://transliteracao.com.br/leiladumaresq/2014/12/o-cisgenero-existe/. Acesso em: 28 set. 2019.

DURSO, Alina. *Travesti e mulher trans: tem diferença?* São Paulo, 29 jan 2021, Instagram, @alinadurso. Disponível em: https://www.instagram.com/tv/CKofBJvgES_/?igshid=180 g9wv09gpzz. Acesso em: 31 jan. 2021.

EFREM FILHO, Roberto. *Corpos brutalizados*: conflitos e materializações nas mortes de LGBT. *Cad. Pagu* [online]. 2016, n.46, pp.311-340. ISSN 0104-8333. Disponível em: http://dx.doi.org/10.1590/18094449201600460311. Acesso em: 05 nov. 2019.

ELIAS, Roberto João. *Comentários ao Estatuto da Criança e do Adolescente*. 4. ed. São Paulo: Saraiva, 2010.

ESTATUTO da Diversidade Sexual: campanha para coletar assinaturas e apresentar projeto de iniciativa popular. OAB do Espírito Santo, 14 maio 2012. Disponível em: https://oabes. org.br/noticias/estatuto-da-diversidade-sexual-campanha-para-coletar-assinaturas-e-apresentar-projeto-de-iniciativa-popular-554325.html. Acesso em: 05 dez. 2020.

FARIA, Lucas Adam Martinez. O Supremo Tribunal Federal e a Corte Interamericana de Direitos Humanos: diálogos transjudiciais no duplo grau de jurisdição interpretado. In: PEDEMONTE, Olga Diaz; SANCHES, Samyra Haydêe Dal Farra Naspolini (coord.). *Direito internacional dos direitos humanos III [Recurso eletrônico on-line]*. Florianópolis: CONPEDI, 2016. Disponível em: http://conpedi.danilolr.info/publicacoes/9105o6b2/081s6j67/oWk6g4H1y4Lah282.pdf. Acesso em: 10 jan. 2021.

FERRAZ, Carolina Valença; LEITE, Glauber Salomão. *Direito à diversidade*. São Paulo: Atlas, 2015.

FLYNN, Taylor. *The ties that (don't) bind: transgender family law and the unmaking of families*. In: Transgender rigths. Organizado por Paisley Currah, Richard M. Juang e Shannon Price Minter. Minneapolis: University of Minnesota Press, 2006.

FONSECA, Antonio Cesar Lima da. *Direitos da Criança e do Adolescente*. 2. ed. São Paulo: Atlas, 2012.

FORTUNA, Deborah. Adolescente de 15 anos consegue mudar nome e gênero. *Correio Braziliense*, Distrito Federal, 24 de setembro de 2019. Disponível em: https://www.correiobraziliense.com.br/app/noticia/cidades/2019/09/24/interna_cidadesdf,785425/adolescente-de-15-anos-consegue-mudar-nome-e-genero.shtml. Acesso em: 15 ago. 2020.

FOUCAULT. *História da sexualidade*: a vontade de saber. Trad. Maria Thereza da Costa Albuquerque e J.A. Guilhon Albuquerque. São Paulo: Graal, 2010.

FRANÇA, Rubens Limongi. *Nome civil das pessoas naturais*. 3. ed. São Paulo: Revista dos Tribunais, 1975.

REFERÊNCIAS | **169**

GALINDO, George Rodrigo Bandeira; URUEÑA, René; PÉREZ, Aida Torres (coords). *Proteção Multinível dos Direitos Humanos – Manual*. Red. de Direitos Humanos e Educaçao Superior, 2014. Disponível em: https://www.upf.edu/dhes-alfa/_pdf/PMDH_Manual_portugues.pdf. Acesso em: 23 jan. 2021.

GONÇALVES, Carlos Roberto. *Direito Civil Brasileiro: parte geral*. 11. ed. São Paulo: Editora Saraiva, 2013.

GONÇALVES, Rodrigo. *Justiça autoriza adolescente trans de 16 anos a alterar o nome no RG em Goiás*. G1, Goiás, 14 de maio de 2019. Disponível em: https://g1.globo.com/go/goias/noticia/2019/05/14/justica-autoriza-adolescente-trans-de-16-anos-a-alterar-nome-no-rg-em-goias.ghtml. Acesso em: 08 jan. 2020.

GORISH, Patricia. *Identidade de Gênero sob a ótica da Corte Europeia de Direitos Humanos e sua aplicação nas cortes brasileiras*. DIAS, Maria Berenice (coord). Diversidade sexual e direito homoafetivo. 3. ed. São Paulo: Editora Revista dos Tribunais, 2017.

GOUVEIA FILHO, Eduardo Correia; BRITO, Michelle Barbosa de. Diálogo transjudicial, interpretação e direito à vida: uma análise comparativa da postura dialógica do Supremo Tribunal Federal brasileiro e Corte Internacional De Direitos Humanos na proteção de direitos fundamentais. *RJLB*, Ano 4, n. 6, 2018. Disponível em: http://www.cidp.pt/revistas/rjlb/2018/6/2018_06_1901_1923.pdf. Acesso em: 20 jan. 2021.

GRANDELLE, Renato. Entenda: como o rosa se tornou "cor de menina" e o azul, "de menino". *O Globo*, 03 jan. 2019. Disponível em: https://oglobo.globo.com/brasil/entenda-como-rosa-se-tornou-cor-de-menina-o-azul-de-menino-23343773. Acesso em: 20 set. 2020.

HATJE, Luis Felipe; RIBEIRO, Paula Regina Costa; MAGALHÃES, Joanalira Corpes. Trans(formar) o nome: Alguns Efeitos do Nome Social e da Alteração do Nome Civil na Vida de Sujeitos Trans. *Revista Contexto Educação*, Editora Unijuí, Ano 34, n. 108, maio/ago. 2019. Disponível em: https://www.revistas.unijui.edu.br/index.php/contextoeducacao/article/view/8706/6058. Acesso em: 06 mar. 2021.

IBDFAM, Assessoria de Comunicação do. *CNJ padroniza alteração de nome de pessoas trans em cartório; burocracia imposta por conselho é criticada por especialistas*. IBDFAM, 29 jun. 2018. Disponível em: http://www.ibdfam.org.br/noticias/6681/CNJ+padroniza+altera%C3%A7%C3%A3o+de+nome+de+pessoas+trans+em+cart%C3%B3rio%3B+burocracia+imposta+por+conselho+%C3%A9+criticada+por+especialistas. Acesso em: 20 set. 2020.

IBDFAM, Assessoria de Comunicação do. *Justiça de Goiás autoriza mudança de nome de adolescente trans menor de 18 anos*. IBDFAM, 24 de junho de 2019. Disponível em: https://ibdfam.org.br/noticias/7007/Justi%c3%a7a+de+Goi%c3%a1s+autoriza+mudan%c3%a7a+de+nome+de+adolescente+trans+menor+de+18+anos. Acesso em: 20 set. 2020.

IBDFAM, Assessoria de Comunicação do. *STF extingue definitivamente ação contra Conselho Federal de Psicologia que buscava regularizar a "cura gay"*. IBDFAM, 25 maio 2020. Disponível em: https://www.ibdfam.org.br/noticias/7315/STF+extingue+definitivamente+a%C3%A7%C3%A3o+contra+Conselho+Federal+de+Psicologia+que+buscava+regularizar+a+%22cura+gay%22. Acesso em: 20 ago. 2020.

INTERDONATO, Giann Lucca; QUEIROZ, Marisse Costa de. *"Trans-identidade"*: a transexualidade e o ordenamento jurídico. 1. Ed. Curitiba: Appris, 2017.

JESUS, Jaqueline Gomes de. *Orientações sobre a população transgênero*: conceitos e termos. Brasília: Autor, 2012.

KENNEDY, Natacha. Crianças Transgênero: mais do que um desafio teórico. *Revista do Programa de Pós-graduação em Ciências da UFRN* | dossiês – 21. Vol. 11. Número 20. Cronos, 2010.

KESSLER, Suzanne J.; McKENNA, Wendy. *Gender: An Ethnomethodological Approach.* (1978). Chicago: University of Chicago Press, 1985.

KOKAY, Erica. Fundamentalismo impede avanço da cidadania LGBT no Congresso. *Huffpost*, 19 jun. 2019. Disponível em: https://www.huffpostbrasil.com/erica-kokay/fundamentalismo-impede-avanco-da-cidadania-lgbt-no-congresso_a_22364943/. Acesso em: 13 nov. 2020.

LANZ, Letícia. *O corpo da roupa*: a pessoa transgênera entre a transgressão e a conformidade com as normas de gênero. f. 342. Dissertação (mestrado em Sociologia). Setor de Ciência Humanas, Universidade Federal do Paraná, Curitiba, 2014.

LANZ, Letícia. Ser uma pessoa transgênera é ser um não ser. *Revista de Estudos Indisciplinares em Gêneros e Sexualidades – Periódicus*, Salvador, n. 5, v. 1, maio-out.2016.

LEANZA, José Carlos. *Niñez identidad de género y políticas públicas. 5tas Jornadas de Estudios sobre la Infancia*, Buenos Aires, 2018. Disponível em: https://www.aacademica.org/5jornadasinfancia/31.pdf. Acesso em: 06 ago. 2020.

LIBERATI, Wilson Donizeti. *Adolescente e Ato Infracional* – Medida socioeducativa é pena? São Paulo: Juarez de Oliveira, 1991.

LINS, Ana Paola de Castro e. *O exercício da autonomia existencial do adolescente em processo de hormonioterapia.* Dissertação (mestrado em Direito Constitucional) – Programa de Pós-Graduação em Direito, Universidade de Fortaleza – UNIFOR, Fortaleza, 2017.

LITARDO, Emiliano. *Os corpos desse outro lado: a lei de identidade de gênero na Argentina.* Belo Horizonte: Meritum, vol. 8, nº 2, 2013.

LODI, Ana; VERDADE, Kelly Kotlinski. *Transexualidade e infância:* buscando um desenvolvimento saudável. 1º Congresso Nacional dos Direitos da Criança e do Adolescente das Seccionais da Ordem dos Advogados do Brasil, OAB-RJ, 2017.

LOUREIRO, Claudia Regina de Oliveira Magalhães da Silva. *Manifestação da Opinião Consultiva Solicitada pela Colômbia.* Amicus Curiae – Corte Interamericana de Direitos Humanos, 6 dez 2019. Disponível em: https://www.corteidh.or.cr/sitios/observaciones/oc26/31_claudiaolive.pdf. Acesso em: 23 jan. 2021.

LOURO, Guacira Lopes. *O corpo estranho:* ensaios sobre sexualidade e a teoria Queer. Belo Horizonte: Autêntica, 2003.

LOURO, Guacira Lopes. *Gênero, sexualidade e educação:* uma perspectiva pós-estruturalista. 13. ed. Petrópolis: Vozes, 2011.

REFERÊNCIAS | 171

LOUZADA, Douglas Admiral. ADI 4.275. Análise do primeiro ano da retificação administrativa de nome e gênero de transexuais. 6 maio 2019. Disponível em: https://www.editorajc.com.br/adi-4275/#:~:text=O%20STF%20foi%20claro%20ao,desse%20direito%20fundamental%20e%20personal%C3%ADssimo. Acesso em: 13 jul. 2022.

MACHADO, Martha de Toledo. *A proteção constitucional de crianças e adolescentes e os direitos humanos*. 2002. 414 f. Dissertação (Mestrado em Direito) – Pontifícia Universidade Católica de São Paulo, São Paulo, 2002.

MACIEL, Maria Regina et al. A infância em Piaget e o infantil em Freud: temporalidades e moralidades em questão. *Psicol. Esc. Educ.* vol. 20, n. 2, Maringá, mai./ago. 2016. Disponível em: https://www.scielo.br/scielo.php?script=sci_arttext&pid=S1413-85572016000200329. Acesso em: 25 fev. 2020.

MENINO tentou cortar o pênis aos 3 anos. G1, Mato Grosso, fevereiro de 2016. Disponível em: http://g1.globo.com/mato-grosso/noticia/2016/02/tentou-cortar-o-penis-aos-3-anos-diz-mae-de-menino-que-trocara-de-nome.html. Acesso em: 30 jan. 2020.

MENINO consegue na Justiça mudar para gênero feminino e trocar de nome. G1, Mato Grosso, 30 de janeiro de 2016. Disponível em: http://g1.globo.com/mato-grosso/noticia/2016/01/menino-consegue-na-justica-mudar-para-genero-feminino-e-trocar-de-nome.html. Acesso em: 17 ago. 2020.

MG2 de Belo Horizonte. *Cerca de 90% das travestis e transexuais do país sobrevivem da prostituição*. G1 – Minas Gerais, 15 maio 2018. Disponível em: https://g1.globo.com/mg/minas-gerais/noticia/cerca-de-90-das-travestis-e-transexuais-do-pais-sobrevivem-da-prostituicao.ghtml Acesso em: 10 jan. 2020.

MINISTÉRIO PÚBLICO FEDERAL. *Ministério Público e a Igualdade de Direitos para LGBTI: Conceitos e Legislação /Procuradoria Federal dos Direitos do Cidadão, Ministério Público do Estado do Ceará*, Disponível em: http://www.mpf.mp.br/atuacao-tematica/pfdc/midiateca/nossas-publicacoes/o-ministerio-publico-e-a-igualdade-de-direitos-para-lgbti-2017 Acesso em: 15 set. 2019.

MISKOLCI, Richard. *A teoria queer e a sociologia*: o desafio de uma analítica da normalização. Porto Alegre: Sociologias, ano 11, n. 21, jan./jun. 2009, p. 150-182.

NACIONES UNIDAS. Comité de los Derechos del Niño. *Observación General núm. 20 "sobre la efectividad de los derechos del niño durante la adolescencia"*, 6 de dezembro de 2016, CRC/C/GC/20. Disponível em: https://www.bienestaryproteccioninfantil.es/imagenes/tablaContenidos03SubSec/G1640449.pdf. Acesso em: 16 jul. 2020.

NEUROSABER. *Como incentivar o protagonismo infantil na infância*. NeuroSaber, 30 abr. 2019. Disponível em: https://institutoneurosaber.com.br/como-incentivar-o-protagonismo-infantil-na-escola/. Acesso em: 28 jan. 2021.

NICÁCIO, Camila Silva; VIDAL, Júlia Silva. *Justiça Infanto-Juvenil, Travestilidade e Transexualidade*: Apontamentos sobra a marcha dos direitos. Rev. Fac. Direito UFMG, Belo Horizonte, n. 70, p. 197- 226, jan./jun. 2017.

NOVAK, Benjamim. *Hungary Outlaws Changing Gender on Documents After Birth*. New York Times, 28 May, 2020. Disponível em: https://www.nytimes.com/2020/05/28/world/europe/hungary-transgender-law.html. Acesso em: 30 jul. 2020.

NUCCI, Guilherme de Souza. *Estatuto da Criança e Adolescente Comentado*. 4. ed. Rio de Janeiro: Forense, 2018.

OIT.UNAIDS.PNUD. *Promoção dos direitos Humanos de pessoas LGBT no mundo do trabalho: construindo a igualdade de oportunidade no mundo do trabalho*: combatendo a homo-lesbo-transfobia. 2014. Disponível em: http://www.ilo.org/brasilia/lang--pt/index.htm. Acesso em: 02 jan. 2021.

OLIVEIRA, André Lucas Guerreiro. *"Somos quem podemos ser"*: os homens (trans) brasileiros e o discurso pela (des)patologização da transexualidade. 2015. 168f. Dissertação (mestrado em Ciências Sociais) – Centro de Ciências Humanas, Letras e Artes, Universidade Federal do Rio Grande do Norte, Natal, 2015.

OLIVEIRA, João Vitor Teofilo. *A autodeterminação do menor transexual nas decisões sobre o próprio corpo e os limites da autoridade parental no Brasil*. Jus.com.br, abril 2017. Disponível em: https://jus.com.br/artigos/57287/a-autodeterminacao-do-menor-transexual-nas-decisoes-sobre-o-proprio-corpo-e-os-limites-da-autoridade-parental-no-brasil. Acesso em: 04 fev. 2021.

OLIVEIRA, Leone. Adolescente consegue troca de sexo e de nome na justiça. *Tribuna Online*, 23 mar. 2019. Disponível em: https://tribunaonline.com.br/adolescente-consegue-troca-de-sexo-e-de-nome-na-justica. Acesso em: 03 nov. 2020.

OLIVEIRA, Melissa Barbieri de. *Você já ouviu falar do Estatuto da Diversidade Sexual?!*. Direito Homoafetivo. Disponível em: http://www.direitohomoafetivo.com.br/admin/arquivos/1543507712.pdf. Acesso em: 13 nov. 2020.

ORDEM DOS ADVOGADOS DO BRASIL (OAB). *Relatório de atividade da comissão especial de diversidade sexual do conselho federal da OAB*. 2013. Disponível em: https://legis.senado.leg.br/sdleg-getter/documento?dm=7927667&ts=1567527034695&disposition=inline. Acesso em: 14 nov. 2020.

ORDEM DOS ADVOGADOS DO BRASIL (OAB). Comissão Especial de Diversidade Sexual e de Gênero. *Anteprojeto de Lei do Estatuto da Diversidade Sexual e de Gênero*. 2017. Disponível em: https://legis.senado.leg.br/sdleg-getter/documento?dm=7302364&disposition=inline. Acesso em: 14 nov. 2020.

ORGANIZAÇÃO DOS ESTADOS AMERICANOS (OEA). *Convenção Americana de Direitos Humanos* ("Pacto de San José de Costa Rica"), 1969. Disponível em: https://www.cidh.oas.org/basicos/portugues/c.convencao_americana.htm. Acesso em: 04 jul. 2020.

PELÚCIO, Larissa. *Na noite nem todos os gatos são pardos*: Notas sobre a prostituição travesti. *Cadernos Pagu* (25), jul.-dez. 2005, p. 217-248.

REFERÊNCIAS | 173

PEREIRA, Bárbara. 'Ser drag não é uma questão de gênero ou identidade, mas puramente artística', diz Lorelay Fox. *Estadão de S. Paulo*, 22 set. 2018. Disponível em: https://emais. estadao.com.br/noticias/gente,ser-drag-nao-e-uma-questao-de-genero-ou-identidade-mas-puramente-artistica-diz-lorelay-fox,70002512810. Acesso em: 28 fev. 2021.

PEREIRA, Ézio Luiz. *Alteração do prenome*. Leme, São Paulo: Edijur, 2006.

PEREIRA, Pedro Paulo Gomes. A teoria queer e a Reinvenção do corpo. *Cadernos Pagu*, 2006, p. 469-477.

PEREIRA, Rodrigo da Cunha. *Princípios fundamentais norteadores do Direito de Família*. 5. ed. Belo Horizonte: Del Rey, 2005. vol. 1.

PEREIRA, Rodrigo da Cunha. *Dicionário de direito de família e sucessões: ilustrado*. São Paulo: Saraiva, 2015.

PEREIRA, Tânia da Silva. O princípio do 'melhor interesse da criança": da teoria à prática. *Revista Brasileira de Direito de Família*. Porto Alegre, n. 6, 2000.

PERNAMBUCO. Corregedoria Geral de Justiça de Pernambuco *Provimento n. 0007/2018, de 25 de maio de 2018*. Disponível em: http://www.tjpe.jus.br/documents/29010/1866099/PROVIMENTO+N%C2%BA+007-2018+CGJ+-+Publicado+no+DJe+de+31-05-2017. pdf/3d87e566-f74d-cb5e-a62a-4632f68452d1. Acesso em: 13 nov. 2020.

PETERSON, Claire M. *New Study Highlights High Rates of Suicide and Self-Harm Among Transgender Youth*. Disponível em: https://www.cincinnatichildrens.org/news/release/2016/self-harm-transgender-youth. Acesso em: 15 dez. 2019.

PIOVESAN, Flávia. *Direitos humanos e o direito constitucional internacional*. São Paulo: Max Limonad, 2018.

PORCHAT, Patrícia. Um corpo para Judith Butler. *Periódicus*, Salvador, n. 3, v. 1, p. 27-51, 2015.

PRECIADO, Paul (Beatriz). *Manifesta contrassexual* / Beatriz Preciado; tradução de Maria Paula Gurgel RIbeiro. São Paulo: N1 Edições, 2014.

RAMOS FILHO, Dionizio Mendes Ramos; LOPES Gustavo C.; JÚNIOR, Astrogildo V. Oliveira. *Avaliação da maturação em crianças e jovens*. 2013. Disponível em: https://www.e-publicacoes.uerj.br/index.php/revistahupe/article/view/8711/9614. Acesso em: 15 nov. 2019.

REIDEL, Marina. *A pedagogia do Salto Alto*: histórias de professoras transexuais e travestis na educação brasileira. 162 f. Dissertação (Mestrado) – Universidade Federal do Rio Grande do Sul, Porto Alegre, 2013.

RIBEIRO, Djamila. *O que é Lugar de Fala?* Belo Horizonte: Letramento; Justificando, 2017.

RIO GRANDE DO SUL. Corregedoria Geral de Justiça do Rio Grande do Sul. *Provimento nº 21/2018 – CGJ*. Disponível em: http:www.anoreg.org.br/site/wp-content/uploads/2018/05/Provmenton-21-2018%E2%80%930CGJ.pdf. Acesso em: 13 out. 2020.

ROCHA; Gabrielle Leite; LANZA, Hugo Ribeiro; RIBEIRO, Sarug Dagir. Transfobia, masculinidades e violência sob a ótica da psicanálise. *Reverso*, vol. 42, n.79, Belo Horizonte, jan./jun. 2020. Disponível em: http://pepsic.bvsalud.org/scielo.php?script=sci_arttext&pid=S0102-73952020000100009. Acesso em: 24 jan. 2021.

ROCON, Pablo Cardozo; et al. Saúde e transexualidade: entre dispositivos e tecnologias de gênero. *Adeno – Revista de Antropologia do Centro-Oeste*, 7 (13): 165-180, janeiro a abril de 2020. Disponível em: https://periodicoscientificos.ufmt.br/ojs/index.php/aceno/article/view/8731/7552. Acesso em: 23 jan. 2021.

SALES, Adriana (Nome social). *Travestilidades e escolas nas narrativas de alunas travestis.* 114 f. Dissertação (mestrado em Educação) – Universidade Federal de Mato Grosso – Rondonópolis, MT: UFMT, 2012.

SALIH, Sara. *Judith Butler e a teoria queer.* Belo Horizonte: Autêntica, 2012.

SANTOS, Annelyse Cristine Cândido. *Fórum de crianças e adolescentes de Mato Grosso-Foca-MT.* CEDCA, 30 jun. 2016. Disponível em: http://www.cedca.mt.gov.br/html/noticiaImpressao.php?codigoNoticia=649. Acesso em: 21 jan. 2021.

SANTOS, J. B. S. O.; VIEIRA, Tereza Rodrigues. Crianças e adolescentes transgêneros em face dos limites do poder familiar. *In*: VIEIRA, Tereza Rodrigues (org.). *Transgêneros.* Brasília-DF: Zakarewicz Editora, 2019. v. 1. p. 63-74.

SÃO PAULO. Fundação Centro de Atendimento Socioeducativo ao Adolescente. *Portaria Normativa nº 325, de 27 de dezembro de 2018.* DJE: 28 dez 2018. Disponível em: https://www.imprensaoficial.com.br/Certificacao/GatewayCertificaPDF.aspx?notarizacaoID=744aeb76-bb62-438b-b2e3-9cc53f50c567. Acesso em: 13 ago. 2020.

SCHÄFER, Gilberto et al. Os controles de convencionalidade tradicional e interamericano: institutos distintos ou duas faces da mesma moeda? *Revista de Direito Internacional*, Brasília, v. 14, n. 3, 2017 p. 216-242. Disponível em: https://www.publicacoesacademicas.uniceub.br/rdi/article/view/4811/pdf. Acesso em: 20 jan. 2021.

SCHREIBER, Anderson. *Direitos da Personalidade.* 2. ed. São Paulo: Atlas, 2013, p. 208.

SILVA, Carina Goulart da. Evolução, conceito e hipóteses de alteração do nome da pessoa natural. *In*: FERRO JÚNIOR, Izaías Gomes; SCHWARZER, Márcia Rosália; EL DEBS, Martha (coord.). *Registro civil das pessoas naturais*: temas aprofundados. Salvador: Juspodivm, 2019.

SMITH, Andreza do Socorro Pantoja de Oliveira; SANTOS, Jorge Luiz Oliveira dos. *Corpos, identidades e violência*: o gênero e os direitos humanos. *Rev. Direito e Práx.*, Rio de Janeiro, vol. 08, N. 2, 2017, p.1083-1112.

SOLOMON, A. *Longe da árvore*: pais, filhos e a busca da identidade. Tradução Donaldson M. Garschagen; Luiz A. de Araújo, Pedro Maia Soares. São Paulo: Companhia das Letras, 2013.

SOUZA, Érica Renata de. *Marcadores Sociais da diferença e infância*: relações de poder no contexto escolar. *Cadernos Pagu* (26), jan.-jun. 2016, p. 169-199.

REFERÊNCIAS | 175

SPARGO, Tamsim. *Foucault e a Teoria Queer*. Trad. Vladimir Freire. Rio de Janeiro: Pazulin; Juiz de Fora: Ed. UFJF, 2006.

SUSTENTAÇÃO oral de Gisele Alessandra Schmidt e Silva. Facebook, 2017. Disponível em: https://th-th.facebook.com/justificando/videos/sustenta%C3%A7%C3%A3o-oral-hist%C3%B3rica-de-gisele-alessandra-schmidt-e-silva/1441586879266479/. Acesso em: 20 ago. 2020.

TEIXEIRA, Ana Carolina Brochado; RODRIGUES, Renata de Lima. *O direito das famílias entre a norma e a realidade*. São Paulo: Atlas, 2010.

TEIXEIRA, Marcionila. Aos 12 anos garoto conquista direito na justiça de ser chamado pelo nome masculino. *Diário de Pernambuco*, Pernambuco, 04 de agosto de 2020. Disponível em: https://www.diariodepernambuco.com.br/noticia/vidaurbana/2020/08/aos-12-anos-garoto-trans-conquista-o-direito-na-justica-de-ser-chamad.html. Acesso em: 17 jun. 2020.

TERRA, Márcia Regina. *O desenvolvimento humano na teoria de Piaget*. UNICAMP. Disponível em: https://www.unicamp.br/iel/site/alunos/publicacoes/textos/d00005.htm. Acesso em: 13 maio 2020.

TRANSGEBDER EUROPE (TGEU). *TMM Update Trans Day of Remembrance 2019*: 331 reported murders of trans and gender-diverse people in the last year. TGEU, 11 november, 2019. Disponível em: https://tgeu.org/tmm-update-trans-day-of-remembrance-2019/330/. Acesso em: 05 jan. 2020.

TRANSGEBDER EUROPE (TGEU). *Joint call on Hungarian Parliament regarding LGR*. TGEU, 6 april, 2020. Disponível em: https://tgeu.org/joint-call-on-hungarian-parliament-regarding-lgr/?fbclid=IwAR3nzh6R2XVnudEgy-KyCbxFZy1gsWWICIrz7GXxM9loEl7C PAMTr4BMYjs. Acesso em: 05 ago. 2020.

TRANS Umbrella Term. Disponível em: https://transfeminismo.com/trans-umbrella-term/. Acesso em: 23 nov. 2019.

TRANSEXUAL pode se descobrir já na primeira infância, dizem especialistas. Disponível em: http://g1.globo.com/ciencia-e-saude/noticia/2013/03/transexual-pode-se-descobrir-ja-na-primeira-infancia-dizem-especialistas.html. Acesso em: 15 jun. 2020.

UNICEF. *Convenção sobre os Direitos da Criança*. Disponível em: https://www.unicef.org/brazil/convencao-sobre-os-direitos-da-crianca. Acesso em: 20 jan. 2021.

VECCHIATTI, Paulo Roberto Iotti. STF e o registro civil das pessoas transgênero. In: VIEIRA, Tereza Rodrigues (org.). *Transgêneros*. Brasília, DF: Zakarewicz Editora, 2019.

VENOSA, Silvio de Salvo. *Direito Civil*. 14. ed. São Paulo: Atlas, 2014.

VIEIRA, Tereza Rodrigues; PAIVA, Luiz Airton Saavedra de (Orgs.). *Identidade sexual e transexualidade*. São Paulo: Roca, 2009.

VIEIRA, Tereza Rodrigues. *Nome e sexo*: mudanças no registro civil. 2. ed. São Paulo: Atlas, 2012.

VIEIRA, Tereza Rodrigues. Transexual menor de idade e adequação do nome. *Revista Jurídica Consulex*, n. 402, out. 2013, p. 22-24.

VIEIRA, Tereza Rodrigues; CARDIN, Valéria Silva Galdino; BRUNINI, Bárbara Cossettin Costa Beber (Org.). *Família, Psicologia e Direito*. 2. ed. Brasília-DF: Zakarewicz Editora, 2018.

VIEIRA, Tereza Rodrigues. *Transgêneros*. Brasília-DF: Zakarewicz Editora, 2019.

WORLD PROFESSIONAL ASSOCIATION FOR TRANSGENDER HEALTH (WPATH). *Standards of Care for the Health of Transsexual, Transgender, and Gender Nonconforming People*. [s.l.]: WPATH, 2012.

ZANETT, Jaime Eduardo. *Dos enigmas da infância*: transexualidade e tensionamentos dos scripts de gênero. Trabalho de conclusão (especialização em Docência na Educação Infantil). Universidade Federal do Rio Grande do Sul. Porto Alegre, 2016.

Esta obra foi composta em fonte Palatino Linotype, corpo 10
e impressa em papel Pólen Bold 70g (miolo) e Supremo 250g (capa)
pela Gráfica Paulinelli.